L'ÉCHAPPÉE POCHE

éric sadin

# l'intelligence artificielle ou l'enjeu du siècle

## anatomie d'un antihumanisme radical

Éditions L'échappée
23, rue Voltaire
75011 Paris
info@lechappee.org
www.lechappee.org

graphisme ADGP
(adgp.fr)

correction Lionel
de La Fouchardière

dépôt légal
2e trimestre 2021

isbn 978-23730908-9-5

impression Corlet

N° d'imprimeur 21020532



Édition grand format
L'échappée, 2015

*« La mathématisation produit comme conséquence une causalité naturelle sur elle-même, dans laquelle tout événement reçoit une détermination univoque et* a priori. *»*
– Edmond Husserl, *La Crise des sciences européennes et la phénoménologie transcendantale*

*« La rationalité est devenue notre "destinée". »*
– Karl Löwith, *Max Weber et Karl Marx*

*« Ce qu'il faut remettre en question, c'est la forme de rationalité en présence. »*
– Michel Foucault, « "Omnes et singulatim" : Vers une critique de la raison politique », *Dits et Écrits*, t. II.

# OUVERTURE

–

# UN MONDE PARFAIT

Vous dormez paisiblement au cœur de la nuit. Dans le froid de l'hiver, le système de chauffage autosuffisant de votre chambre se module en fonction des conditions climatiques extérieures et de votre présence, détectée par un capteur *ad hoc*. La température ambiante s'élève à 12 °C, c'est votre couette intelligente qui s'assure ici du relais de votre confort thermique. Votre machine à laver entame un cycle de lavage en mode silencieux, activée par le système régional de gestion automatisée des stocks d'énergie profitant d'une microréserve disponible qui vous sera facturée à un prix plancher puisque corrélé aux circonstances favorables. Vu la qualité générale de votre sommeil évaluée multicritères + la densité de vos activités à venir, votre assistant numérique décide de vous réveiller plus tôt qu'initialement envisagé, soit maintenant à 5 h 57. Aujourd'hui la modalité de réveil choisie correspond à la diffusion à volume feutré de la matinale de la station de radio qui aura décidé de couvrir le plus largement une nouvelle qui vous intéresse particulièrement : la chute brutale du cours du blé à la Bourse de Chicago. Cette information recouvre pour vous une portée anxiogène : l'atmosphère lumineuse s'ajuste à faible niveau [17 lux], associée à une ambiance chromatique orangée à l'influence rassérénante.

Vous vous dirigez vers les toilettes, urinez ; l'analyse comparative de vos fluides opérée sur les trente derniers jours ne signale aucune aggravation de vos taux de glycémie et d'albumine. Vous vous lavez le visage à grande eau froide, vous considérez dans votre miroir persuasif qui vous annonce d'une voix suave adaptée à l'heure matinale : « Altération infime de la peau : reprendre la consommation quotidienne de compléments alimentaires à l'huile de pépins de raisin + resvératrol à double vertu hydratante/antioxydante». Vous validez la préconisation par un léger hochement de la tête: la commande du produit manquant s'opère *via* l'envoi d'une requête auprès de plate-formes cosmétiques dédiées dont l'offre la mieux-disante est déjà sélectionnée pour un achat confirmé livrable sous quarante-huit heures. Vous vous pesez sur votre balance qui indique un poids de 744 grammes supérieur à votre normale saisonnière; différentiel consigné par votre agent multifonction qui encadrera plus sévèrement votre régime alimentaire de la journée, vous aidant à le limiter à un plafond de 2020 calories.

En gagnant votre cuisine, vous sentez qu'un thé Earl Grey a été préparé en concordance avec votre humeur, à la différence du café arabica servi la veille. La composition suggérée du petit déjeuner du jour s'affiche en lettres à diodes électroluminescentes incorporées à la surface de votre réfrigérateur: 2 BISCOTTES + MARGARINE + CONFITURE GROSEILLE + JUS DE GRENADE + 3 FIGUES SÉCHÉES. Un premier rayon de soleil apparaît: un bref réflexe de satisfaction est capté par le logiciel d'interprétation émotionnelle relié à la lentille vidéo amovible/panoscopique de la pièce, information aussitôt transmise sur le serveur de votre psy traitant. Vous vous alimentez simultanément à la lecture de nouvelles qui défilent page après page sur votre tablette d'après vos préférences préenregistrées, l'historique évolutif de vos navigations et votre niveau d'attention mesuré *via* le senseur tactile.

Une annonce sonore vous avertit qu'il est temps de vous vêtir, vous rejoignez à grands pas votre *dressing room*. Plusieurs associations combinatoires visuelles jugées appropriées s'exposent sur votre mur-pixels: par formulation vocale vous stoppez l'une d'elles que vous suivez des pieds à la tête. Vous enfilez votre manteau cachemire, passez la porte d'entrée qui se referme à triple tour dès le seuil franchi par signalement photoélectrique de votre passage. Le dispositif a déjà prévenu l'ascenseur dans lequel vous pénétrez à l'instant vous conduisant de lui-même grâce à sa connaissance intégrée de vos habitudes à vitesse optimale vers le rez-de-chaussée.

Au bas de l'immeuble, votre *MagiCar* connectée à votre agenda et à la puce GPS implantée dans l'une de vos molaires se range le long du trottoir. La porte arrière s'ouvre : vous pénétrez à l'intérieur, vous asseyez sur le tatami. La musique zen se met en marche, la voiture s'élance sur l'avenue, vous entamez votre séance de yoga. Durant le trajet, votre coach personnalisé analyse chacun de vos mouvements, vous conseille de vous allonger sur le dos et de vous adonner à l'exercice usuel de respiration. Le système embarqué entrevoit la formation soudaine d'une congestion du trafic sur un point de l'itinéraire projeté, décide de rallonger le parcours et d'emprunter la voie express vers le nord pour ensuite rejoindre l'ouest de la ville par une série de rues étroites mais fluides à cette heure. Parvenu au siège de votre compagnie, vous sortez du véhicule qui déjà repart vers une place de parking, affectée en temps réel en fonction des disponibilités repérées dans la zone environnante *via* les capteurs tagués sur les places de stationnement reliés au protocole municipal de régulation des flux urbains.

Sur la façade-écran du building, vous apercevez les prévisions météo à deux semaines, les différents indices de pollution sur le secteur ainsi que le nombre et le sexe des personnes présentes à chacun des étages. Le système de reconnaissance faciale vous authentifie : actionne la porte de verre coulissante, notifie dans le même mouvement l'heure de votre arrivée sur le serveur de la direction des ressources humaines. Le senseur thermique inséré au dispositif établit la température de votre corps à 37,2 °C, mesure aussitôt communiquée à l'unité de suivi épidémiologique régionale, simultanément traitée par divers groupes pharmaceutiques en charge de la production de vaccins antigrippe.

Vous pénétrez dans votre espace de travail, situé dans la salle de veille des opérations, examinez sur l'écran principal le diagramme des transactions exécutées durant la nuit sur les marchés par vos robots traders, exposant un chiffre bénéficiaire qui vous rassure. Vous recevez une alerte émise par votre assistant numérique qui vous prévient de la tenue imminente d'une réunion de travail validée d'un commun accord avec les autres assistants de vos collègues suivant vos disponibilités mutuelles. L'objet de la rencontre porte sur la proportion d'affiliés susceptibles de quitter la compagnie pour rejoindre la concurrence au cours de la prochaine année civile. Vous apprenez qu'au vu des statistiques cumulées sur les trente-six derniers mois examinés par les algorithmes prédictifs, votre banque devrait subir une érosion de 7 % tout en captant parallèlement 23 % du marché potentiel, soit un gain substantiel à obtenir par un perfectionnement continu de la relation client associé à un ciblage hyper-individualisé des prospects virtuels.

Au sortir du brainstorming, vous remarquez sur votre bracelet greffé à votre peau que votre degré de réactivité aux différentes informations diffusées s'élève à 74 %, confirmant une courbe régulièrement déclinante sur les trente derniers jours ; données immédiatement traitées par le service robotisé d'évaluation des performances du personnel situé au siège de la maison mère à Singapour. En cette fin d'après-midi, vous trouvez opportun d'aller prendre un verre dans ce bar récemment ouvert, qui vous aura été à juste titre suggéré au vu de la séparation récente avec votre compagne et de votre goût constaté pour le design biomorphique. En pénétrant dans le *DreamBar*, une voix s'adresse à vous par votre prénom, vous encourage à rejoindre le sofa B#17 situé dans la zone réservée aux couples. Vous découvrez qu'une jeune femme déjà assise à une table absorbe un mojito tout en consultant sa tablette ; vous vous saluez, commandez un gin-fizz. Très vite, vous comprenez que cette personne ne concorde pas dans les faits au palier d'adéquation initialement évalué. Vous terminez votre verre d'un trait, votre agent débite votre compte bancaire de la somme due, jugeant bienvenu de régler les deux consommations ; vous filez vers la sortie.

Dans la rue, vous longez une clinique dentaire qui vous informe *via* vos lunettes connectées qu'au titre de l'hypersensibilité évolutive de vos gencives ainsi que de la perte substantielle de la blancheur de l'émail de vos dents, il est pronostiqué qu'une intervention sera impérative entre les 22e et 26e mois à venir. Vous pensez qu'à la tombée de la nuit il est temps de rejoindre à pied votre domicile. Sur le chemin vous recevez un avertissement vous déconseillant de longer les abords du parc : huit agressions ont été commises au cours des soixante-douze dernières heures à l'encontre d'individus présentant un profil similaire au vôtre.

Arrivé chez vous, vous relevez que les courses du jour ont bien été livrées d'après l'état des stocks des différents produits transmis *via* leurs puces RFID intégrées, et que votre bain est prêt pour une température réglée en fonction de votre pression artérielle conjuguée à la mesure de votre niveau de stress. Votre assistant décide de conforter pour le cours de la soirée votre humeur maintenant relâchée : commande un repas indien aux vertus ayurvédiques qui sera livré sous vingt minutes. Vous dînez devant votre iTV qui a sélectionné un documentaire brésilien portant sur les méfaits de la culture intensive du soja transgénique en Amazonie, agrémenté de commentaires et autres liens personnalisés. Vous vous mettez au lit : le matelas intuitif détecte une tension lombaire, entreprend un massage approprié qui favorise peu à peu votre assoupissement. Le système de gestion automatisée de l'habitat reçoit l'information de votre endormissement, lance le procédé de purification nocturne de l'air, vous souhaite d'une voix tamisée ou subliminale : « Que cette nuit vous soit douce et vous apporte un repos salutaire. »

# INTRODUCTION

–

# LE MONDE AU PRISME DES DONNÉES

La journée exposée à grands traits de cet individu correspond dans l'esprit à une réalité déjà subrepticement à l'œuvre. Ce qui marque dans le quotidien de cette figure anonyme, c'est la capacité de systèmes électroniques diffus, dotés d'une forme d'omniscience, de le délester de nombreuses tâches, de se charger de son plus grand confort, de lui faire profiter des meilleures offres commerciales, et de s'assurer en toute circonstance de sa plus haute sécurisation. Configuration qui aurait pu récemment encore – jusqu'au tournant du nouveau millénaire – nous paraître relever d'un récit futuriste apparenté à une science-fiction passablement exaltée. Or, ce qui frappe à la lecture de ces lignes, c'est la tension entre un schéma d'allure fantastique et la vérification fréquemment renouvelée d'habiter depuis peu au sein d'un milieu de toute part « sensible » et réactif. Si des dispositifs techniques tangibles ou discrètement intégrés aux surfaces physiques s'agrègent au comportement de cette personne, c'est une dimension imperceptible qui dans les faits rend possible l'efficience de cette mécanique, soit la génération de flux numériques activés par un nombre toujours plus important de ses gestes, continuellement récoltés et analysés par des instances de tous ordres. Résultats croisés en temps réel à toute information jugée pertinente, qui lui reviennent sous la forme de conseils, de suggestions ou d'alertes individualisés.

Car le cœur de notre condition technologique contemporaine renvoie moins aux objets élaborés qui nous environnent qu'au magma immatériel à prolifération exponentielle induit par leurs usages. L'histoire de l'informatique a prioritairement été rédigée « du côté » des instruments et des protocoles. Dimension certes incontournable de cette complexe généalogie, dont on se rend compte aujourd'hui que ce qui l'unifie malgré sa foisonnante hétérogénéité, c'est que leur utilisation a systématiquement entraîné la production de lignes de code suivant des courbes à progression géométrique. Il a souvent été opéré une focalisation sur quelques points saillants de l'industrie de l'électronique : puissance de calcul ou de stockage régulièrement amplifiée, effort constant de miniaturisation, affinement de la qualité ergonomique…, sans qu'il soit dans le même mouvement relevé que toutes ces caractéristiques contribuaient à favoriser la génération corollaire et indéfiniment accrue de *data*. S'il a été décrit ce qui s'opère en amont, soit l'élaboration de programmes constitués de chiffres structurant le fonctionnement des systèmes, c'est l'ampleur sans cesse croissante de mêmes suites binaires occasionnées en retour par leur emploi, qui singularise aujourd'hui le rapport que nous entretenons aux technologies numériques. Notre époque est caractérisée par un afflux invariablement expansif de données générées de partout, par les individus, les entreprises privées, les instances publiques, les objets, stockées dans les milliards de disques durs personnels ou au sein de fermes de serveurs toujours plus nombreuses. Environnement global qui voit le redoublement en cours de chaque élément physique ou organique du monde en *bits* exploitables en vue de fonctionnalités de tous ordres.

C'est cette prolifération ininterrompue et exponentielle qui est désormais circonscrite sous le terme de *Big data*. Il fallait une notion pour identifier ce phénomène singulier propre à ce moment de l'histoire de l'humanité. Probablement devons-nous en appeler au langage pour tenter d'atténuer une forme de vertige. Le double vocable serait apparu en 2008 et aussitôt entré dans le *Oxford English Dictionary* sous cette définition : « Volumes de données trop massifs pour être manipulés ou interprétés par des méthodes ou des moyens usuels ». Énoncé à la forme négative qui explicite non pas le principe, mais focalise sur les limites à pouvoir gérer un mouvement qui se déroberait à notre maîtrise ou excèderait nos facultés de représentation. C'est encore un lexique technique utilisé au cours des dernières décennies qui constitue un marqueur manifeste de la production indéfiniment graduelle de données, par l'intégration successive d'unités de mesure relatives à la puissance de stockage et à celle des processeurs.

L'octet renvoie à l'échelon initial significatif des débuts de l'informatique grand public. Le kilo-octet a représenté la valeur emblématique de la capacité des premiers micro-ordinateurs ou des fichiers de traitement de texte. Le mégaoctet a signalé l'émergence de données numériques extratextuelles, d'ordre musical et iconique, capables d'être conservées sur des disques durs personnels, autant que les mesures de téléchargement à l'œuvre sur les réseaux à la fin des années 1990. Le gigaoctet témoigne du tournant du millénaire, marqué par la numérisation de l'image animée, l'accès à la vidéo en ligne et l'augmentation substantielle des volumes circulant sur Internet. Le téraoctet représenterait le nom exact de notre période, désignant la puissance de stockage désormais détenue par chacun, permettant en théorie de conserver l'équivalent de fonds volumineux de bibliothèques.

Le petaoctet atteste du franchissement d'un seuil, ne définissant plus la puissance des équipements privés ou professionnels, mais les masses entreposées dans des fermes de données dont les contenances dépassent en quelque sorte les facultés de représentation de l'entendement humain[1]. L'exaoctet (soit un milliard de gigaoctets) ne renvoie plus aux capacités détenues par certains serveurs, mais aux volumes globaux administrés par de grandes entités (à l'instar du CERN[2] par exemple), ou circulant durant un laps de temps déterminé sur la Toile. Le zettaoctet correspond à une mesure astronomique exclusivement destinée à circonscrire la totalité du volume de données générées ou stockées sur l'ensemble de la planète. Il aurait été produit l'ordre de trois zettaoctets en 2014, et il est hypothétiquement projeté une production de quarante zettaoctets en 2020. Le yottaoctet enfin évoque une sorte de *Terra Incognita*, manifestant sous un seul vocable autant la volonté de nommer un horizon irrémédiablement annoncé, que l'impossibilité de se figurer les quantités en jeu. Quant aux unités ultérieures éventuellement appelées à se succéder au cours du XXIe siècle, elles relèvent d'un ordre qui défie nos structures actuelles d'intelligibilité.

Ce sont plusieurs couches chronologiquement consécutives désormais agglomérées les unes aux autres qui concourent à instaurer une réalité de toute part imprégnée de chiffres. D'abord, le mouvement progressif de numérisation des différents champs symboliques (écrit, son, images fixes et animées) engagé depuis une trentaine d'années a contribué à l'archivage tendanciellement intégral des corpus historiques sous la forme de bits indexés et accessibles, parallèlement à la production d'information directement générée sous format numérique. Phénomène contemporain de celui de l'universalisation de l'interconnexion qui a engendré des masses sans cesse croissantes de données, autant par le fait de la prolifération ininterrompue de sites que par le nombre en constante augmentation d'internautes, générant par leurs navigations toujours plus soutenues une infinité de traces stockées au sein de myriades de serveurs. C'est encore l'usage civil de la géolocalisation depuis le milieu des années 1990 qui constitue une autre strate informationnelle, celle-ci relative aux positionnements des personnes, aux moyens de transport ou à d'autres unités matérielles. C'est enfin le puissant mouvement actuellement en cours d'implantation de capteurs à même les objets, les surfaces physiques ou les organismes, qui est appelé à représenter à terme la part majoritaire de la production de *data*.

Deux confluents se rejoignant en un même fleuve contribuent par leur conjonction à générer des « océans » de données. Le premier renvoie aux gestes individuels ou collectifs qui se réalisent de façon délibérée (conversations téléphoniques, transmissions de messages, navigations Internet, achats *via* des cartes de crédit, transactions bancaires, modalités d'imposition, comptes de sécurité sociale...). Le second concerne les procédés « passifs », généralement imperceptibles, qui enregistrent toutes sortes d'informations et témoignent de multiples états de la réalité : trajets des personnes, images de vidéosurveillance, physiologie des corps *via* des bracelets connectés, indications relatives aux conditions météorologiques, à la qualité de l'air, au trafic routier...

Il est paradoxal de relater dans le cadre d'un livre imprimé des mesures caractérisées par leur continuelle évolutivité, interdisant *de facto* toute description stabilisée. C'est à un « arrêt sur image » qu'il faut procéder, qui doit être entendu comme l'évocation d'un seul ordre de grandeur. L'humanité produirait autant d'informations en deux jours qu'elle ne l'a fait en deux millions d'années. En outre, le volume doublerait tous les dix-huit mois suivant une cadence exponentielle, à l'instar de la loi de Moore [3], dont la vérification jamais démentie aura pour une large part contribué à cette prolifération ininterrompue. Chaque minute, il s'écrirait des centaines de milliers de *tweets*, des dizaines de millions de SMS, des centaines de millions de mails ; dans le même temps des dizaines d'heures de vidéos seraient mises en ligne sur YouTube. La quasi-totalité des actions individuelles ou collectives génèrent désormais des lignes de code, rendant vaine l'entreprise de vouloir toutes les citer. C'est en quelque sorte une démarche inverse qu'il faudrait adopter, consistant à identifier les attitudes que nous pourrions qualifier de « muettes ». Nous constaterions que ce registre se réduit année après année telle une peau de chagrin, qui pourrait comprendre par exemple l'état émotionnel ou physiologique de deux corps engagés dans une relation sexuelle, situés en retrait de tout procédé de captation. Néanmoins, le port de dispositifs intégrés à même nos organismes, actuellement en cours de généralisation, suppose que la part de chacun placée le plus à l'abri, ou relevant du plus intime, engendrera à terme des séquences de chiffres récoltées et analysées en vue de diverses fins.

Il est possible de tenir trois entités, relevant de trois secteurs distincts, comme particulièrement significatives de l'ampleur des données produites ou gérées par certaines activités et du rôle capital que revêt leur traitement. Google, figure majeure de l'indexation de l'information, administrerait quotidiennement vingt-quatre petaoctets, soit un volume équivalant à mille fois la quantité de documents imprimés conservés à la bibliothèque du Congrès de Washington. Dans le registre sécuritaire, c'est au « prisme » emblématique des pratiques de la NSA (l'Agence nationale de sécurité américaine) que peut être saisie une forme « d'avant-garde » de la puissance présente à pouvoir stocker et exploiter des agrégats informationnels, sans limite pratique ou théorique en quelque sorte. L'organisme s'est récemment doté d'une infrastructure capable de conserver des magmas correspondant à plusieurs siècles de l'actuel trafic mondial de l'Internet. Dans le cadre du commerce, le géant américain de la distribution Walmart archiverait chaque heure plus d'un million de transactions, s'additionnant à une base de données qui contiendrait 2,5 petaoctets, soit cent fois le volume de la bibliothèque du Congrès de Washington – qui semble représenter l'exemple comparatif paradigmatique, renvoyant à l'ère de l'archivage massif de documents analogiques. La liste de ces mégastructures pourrait être longuement prolongée et doit être comprise comme l'expression éclairante de la faculté désormais acquise par l'humanité à générer, conserver, et traiter des masses abyssales de données relatives à des pans toujours plus élargis de la réalité.

D'un point de vue prospectif, il est projeté que vers le milieu de la présente décennie il serait produit un volume de huit zettaoctets (un zettaoctet représente mille milliards de gigaoctets, soit $10^{21}$ octets, ou une mesure à peu près inintelligible à notre esprit). La compagnie Cisco estime qu'en 2017 des quantités équivalentes à l'ensemble numérisé de tous les films tournés au cours de l'histoire du cinéma seront échangées sur Internet toutes les trois minutes. Le cabinet d'études IDC juge que d'ici 2020 les flux de *data* seront cinquante fois supérieurs à ceux actuels, et atteindront alors les quarante Zo. Dix fois plus de serveurs seraient à terme nécessaires à leur stockage. Autant de faits et d'estimations qui pourraient être déclinés sur de longues pages. Il convient néanmoins de se méfier de statistiques qui demeurent impossibles à vérifier, ou de projections incertaines, publiées on ne sait trop comment par quelques cabinets d'étude dont les conclusions sont aussitôt reprises, revêtant par l'étendue de leur « viralité » une forme d'évidence ou de vérité entendue. Ce que signale ce mouvement technico-anthropologique en perpétuelle dilatation, c'est d'abord qu'il défie pour une large part nos catégories usuelles d'appréhension, confrontées à une forme de débordement indéfiniment fuyant, de surcroît irréductible à toute cartographie stabilisée. Car les *Big data* ne nomment pas un état de fait, mais une sorte de « fission nucléaire » continuellement expansive et partout disséminée, qui trouve son origine dans le mouvement historique de numérisation progressive du monde, dont nous saisissons aujourd'hui et avec force qu'il instaure un nouveau type d'intelligibilité du réel constitué au prisme des données. Le sens premier qui depuis peu s'attache à la notion de *Big data* renvoie prioritairement à l'horizon économique et industriel qui se dégage à la faveur de leur traitement massif, autorisant une connaissance sans cesse approfondie de phénomènes de toute nature.

## L'HORIZON ÉCONOMIQUE

À la différence de ce qui était nommé « nouvelle économie » à la fin des années 1990, l'axe majeur de ce phénomène ne se fonde plus sur le seul accès à des sites monétisant sous une forme ou une autre leur fréquentation, ou sur le commerce en ligne, mais prioritairement sur le principe d'une connaissance de faits de tous ordres pouvant soit revêtir une valeur monnayable, soit optimiser le fonctionnement interne et externe des entreprises. Disposition qui permet en théorie d'ajuster toute stratégie ou décision d'après des mesures déployées en temps réel relatives aux quotients de productivité, à la qualité des infrastructures, à la performance du personnel, au taux de réactivité des sous-traitants, à l'identification des prestataires les plus offrants, aux stocks disponibles, aux rapports entre l'offre et la demande, au transport des marchandises, aux comportements des consommateurs... Émergence non plus d'une supposée « économie de la connaissance[4] », mais d'une économie intensifiée sur l'ensemble de ses maillons par le suivi à la trace ou au chiffre près d'un nombre extensif de phénomènes, comme pilotée depuis une « *monitoring room* », scrutant simultanément le plus grand nombre d'événements et se déterminant à chaque instant en fonction de cartographies détaillées constamment évolutives.

C'est une redéfinition de nombreux secteurs qui s'opère par l'acquisition d'une clairvoyance granulaire déployée en temps réel, rendue possible par la collecte indéfiniment expansive de masses informationnelles traitées par des processus automatisés chargés d'en « extraire de la connaissance ». C'est le marketing qui ambitionne d'instaurer une « relation client » établie sur le suivi ininterrompu et individualisé des comportements, apte à abolir tout « bruit informationnel » parasitaire dans la pénétration des habitudes et des psychés, permettant de proposer des offres jugées en parfaite adéquation avec les désirs et besoins présents ou en gestation. C'est le processus de production et de livraison de biens manufacturiers qui aspire, par la vision de chacune des étapes à l'œuvre, à se délivrer de sa pesanteur consubstantielle pour se rapprocher de la plus immédiate réactivité et intense fluidité dans la circulation des marchandises, repoussant toute immobilisation coûteuse au profit d'un ajustement sans délai ou perte entre points d'origine et d'arrivée. C'est la structuration et l'organisation générales des espaces urbains qui, sous le terme de *smart cities* ou de « villes intelligentes », se reconfigurent, conçus dorénavant telles des surfaces partout sensibles, capturant à tout instant les moindres impulsions organiques ou physiques, gérées par des systèmes chargés de réguler « au mieux » chaque occurrence spatiotemporelle individuelle ou collective.

C'est l'habitat qui, sous le concept de « maison connectée », est appelé à transmettre des informations relatives à la consommation d'énergie, aux différents produits qui y pénètrent, ou plus largement aux mœurs de ses occupants, supposés bénéficier en retour de services modulés à leur vie domestique ou intime. C'est une « médecine des données » qui émerge, désormais capable de dessiner le profil génétique des individus et de capter les flux physiologiques à même la peau ou *via* des biopuces implantées au sein des tissus, conduisant à terme à l'instauration d'une « thérapeutique de l'alerte » et du diagnostic préventif personnalisé. C'est ce qui est nommé *Open data*, soit la diffusion librement accessible d'informations provenant principalement d'organismes publics ou apparentés, ou alimentée par les individus eux-mêmes, qui est censé faciliter le quotidien grâce à des myriades d'applications destinées à « maximiser » et à fluidifier les conditions générales d'existence. C'est le champ sécuritaire qui situe dorénavant le cœur de sa stratégie dans l'interception et l'analyse massives de données, dans l'objectif de mesurer le taux de dangerosité de chaque individu, en vue de repérer tout projet malveillant et d'intervenir avant leur éventuelle réalisation. C'est le domaine militaire qui dresse, depuis la première guerre du Golfe (1990-1991), une cartographie dynamique des forces géolocalisées et interconnectées, celles d'éventuels alliés autant que celles de l'ennemi, afin d'adosser toute décision à un tableau de bord à vision panoscopique.

Un centre opérationnel d'une armée « technologiquement développée » peut être tenu comme emblématique, par extension, du rapport qui s'établit aux données, fondé sur la systématisation de leur plus large récolte et de leur traitement approfondi, en vue d'inspirer des décisions individuelles ou collectives supposées les plus adéquates. C'est le monde dans son ensemble qui, par l'exploitation expansive et tous azimuts des flux numériques, est appelé à terme à se concevoir et à se constituer comme une large salle de contrôle partout distribuée et témoignant continuellement du cours des choses. Car c'est un régime de vérité qui s'institue, fondé sur quatre axiomes cardinaux : la collecte informationnelle, l'analyse en temps réel, la détection de corrélations significatives et l'interprétation automatisée des phénomènes.

Une boucle d'ordre épistémo-anthropologique s'instaure, qui veut que toute situation appréhendée engagera aussitôt l'action, répondant sans délai à l'évidence incontestable de l'heuristique algorithmique. Les *Big data* nomment un double processus intégré au sein des mêmes ensembles techniques, qui associe connaissance factuelle et prise de décision suivant des cadences immédiatement enchaînées, à l'image du cerveau humain qui se prononce à tout moment en fonction des stimuli sensoriels du corps. Mouvement par exemple à l'œuvre dans les systèmes robotisés de régulation énergétique mis en place par IBM dans certaines métropoles. Architectures capables d'évaluer en continu les courbes de consommation et les réserves disponibles, et qui, en fonction des constats établis, limitent d'elles-mêmes l'approvisionnement dans certaines zones ou passent commande de stocks auprès de territoires limitrophes.

L'exploitation industrielle de masses de données permet non seulement de dresser des diagrammes dynamiques à haute précision, mais contribue aussi à révéler certaines dimensions qui seraient restées masquées sans le recours à des procédés dotés d'un pouvoir de divulgation. Un « approfondissement cognitif » s'instaure, signalant l'émergence d'une ère de la *mesure* et de la *quantification* de toute unité organique ou physique, dépassant le seul cadre d'une connaissance factuelle des choses, pour une évaluation *qualitative* et constamment évolutive des personnes et des situations. Ce qui apparaît massivement, c'est que les développements des sciences de l'information auront pleinement participé au projet moderne de rationalisation des sociétés, l'auront exalté même, suivant une orientation qui visait originellement leur plus efficace organisation générale, pour atteindre aujourd'hui *via* des processus majoritairement automatisés, leurs « meilleurs » *distribution* et *ajustement*. Disposition qui favorise une récente faculté à s'opposer au hasard, à opérer une torsion volontaire sur le cours jusque-là supposé « naturel » des choses grâce à une vision théoriquement intégrale des événements associée à la capacité à faire converger toute unité avec toute autre. Mise en adéquation virtuelle qui s'opère à l'aide de systèmes complexes conçus pour suggérer toute action jugée avisée, ou pour engager d'*eux-mêmes* des initiatives autonomisées.

Cet environnement en constante consolidation contribue à défaire un rapport ontologique basé sur l'expérience sensible et la distance supposée irréductible entre chaque substance, faisant apparaître une inédite position de surplomb à l'égard des phénomènes, abolissant en quelque sorte la part de vide et d'inconnu, jusque-là tenue comme consubstantielle à la réalité. C'est un tournant épistémologique, anthropologique et plus largement civilisationnel qui s'opère et qui, par sa puissance de bouleversement et d'imprégnation, appelle à faire lui-même l'objet d'une cartographie précise de sa lignée généalogique, de ses modalités de constitution, autant que de ses visées déclarées ou implicites. « Si la puissance en général a pour finalité l'accroissement de son champ d'application et de son intensité, la Puissance contemporaine n'échappe pas à cette règle ; elle ne livre pas d'elle-même sa propre essence : c'est à la pensée philosophique de la lui arracher[5]. » L'enjeu consiste ici à élaborer des outils de compréhension portant sur des procédés hautement agissants, orientant une large part de nos existences individuelles et collectives, et qui s'imposent sans que la faculté proprement humaine d'évaluation ou de décision librement consentie ne soit en quelque sorte requise, alors qu'elle renvoie dans les faits à une des exigences politiques, juridiques et éthiques majeures de notre temps.

## LA VÉRITÉ RATIONALISANTE DU NUMÉRIQUE

De la période de l'expansion continue du numérique entamée au cours des années 1980 jusqu'à nos jours s'est introduite une dimension décisive : celle de la distance temporelle. Recul historique qui permet de saisir, avec la clarté de la mise en perspective, les principales lignes de force qui auront puissamment déterminé l'axe d'une courbe, et qui se trouvaient recouvertes ou dissimulées par des flopées de discours. Car durant la première partie de cette large séquence, c'est l'idée d'un nouvel environnement technique supposé favoriser l'épanouissement individuel et l'émancipation collective qui s'est massivement imposée, contribuant à édifier une éclatante mythologie de l'informatique. C'est le rêve hippie aspirant à une harmonie universelle qui put se revivifier, une vingtaine d'années plus tard, par l'usage d'artefacts devant faciliter l'expression des individus et encourager, grâce à l'interconnexion universelle, la libre circulation horizontale de l'information. Condition technico-culturelle alors en formation, perçue comme pouvant défaire la lourde et tétanisante hiérarchisation pyramidale des sociétés et concourir à l'avènement d'une dynamique globale multipolaire, créative et fraternelle : « L'Internet va aplanir les organisations, mondialiser la société, décentraliser l'autorité et favoriser l'harmonie entre les êtres humains[6]. »

La volonté d'ériger des protocoles de traitement automatisé de l'information remonte à une ambition de rationalisation administrative, qui se formalisa à l'origine dans les cartes perforées de recensement des populations à la fin du XIXe siècle, et qui gagna plus tard avec des procédés davantage sophistiqués les champs militaire et du renseignement, jusqu'à imprégner ensuite les activités économiques et financières. C'est cette froide réalité qui aura été étrangement occultée durant les deux dernières décennies du XXe siècle, et dont on aura voulu majoritairement retenir le postulat d'une formidable occasion historique d'affranchissement individuel et collectif. Perception vite transformée en *doxa* planétaire soutenue par une rhétorique fermement convaincue de l'émergence d'un contexte de part en part redéfini, innervé de logiques organiques proches de celles à l'œuvre dans le vivant, porteur de forces primordiales enfin libérées de rigidités sociales et culturelles devenues obsolètes par la grâce des vertus auto-organisationnelles inhérentes au numérique. C'est une espérance utopique, un « Ouest » virtuellement infini : une « *electronic frontier*[7] », entendue comme un horizon soudainement dégagé et porteur en germe de toutes les positivités à susciter – soit autant de puissantes et séduisantes paraboles qui auront soutenu et accompagné à voix haute la formation sans heurts majeurs d'un nouveau milieu technico-économique.

Néanmoins l'Histoire, comme souvent dans son ironie, ne suivit pas le cours présumé ou espéré des choses, ce fut même une tout autre impulsion qui se déploya et qui s'imposa à la fin des années 1990, sonnant la fin d'un *digital summer* en quelque sorte. Élan de naïveté ou d'illusion collectives qui se cogna durement contre la cruauté du réel ou l'éclosion de groupes industriels tels Google ou Amazon, fondés sur la plus intense exploitation commerciale de l'Internet et du suivi des navigations des utilisateurs. À rebours du principe supposé prépondérant de l'horizontalisation des échanges, il se sera dressé dans le même mouvement, mais dans une forme paradoxale d'indifférence ou de cécité, un ordre pyramidal déterminant la structure générale de la Toile, faisant glisser la métaphore abusive de réseau vers la figure plus exacte d'un champ global de connectivité dominé par quelques acteurs oligopolistiques. C'est encore la réalité géopolitique des événements de septembre 2001 qui aura subrepticement infléchi le destin général du Web, ou plus précisément celui de son « back office » dérobé aux yeux des usagers et majoritairement tendu vers la pénétration et la mémorisation massives des comportements.

Ce qui apparaît depuis peu, c'est que tous les discours qui auront accompagné les développements du numérique et qui auront revêtu durant une période une forme de vérité, non seulement ne peuvent plus se formuler avec la même certitude inébranlable[8], mais sont devenus saugrenus au vu d'une autre vérité, celle-ci non plus forgée par le sophisme du verbe, mais s'imposant d'elle-même par l'évidence factuelle. Le souffle enivrant du mythe et de la foi n'aura guère duré, juste le temps d'éprouver sur un laps de temps suffisant la puissance de logiques à l'œuvre, établies sur l'opération processuelle insensible mais décisive de la réduction de pans de la réalité à des chiffres analysables et manipulables. C'est un « retour du refoulé » qui se manifeste aujourd'hui, découvrant à quel point au « fond » même du procédé numérique, c'est une constante ambition de maximisation qui aura déterminé la conception des protocoles, mais dans une sorte de discrétion – mathématique ou abstraite –, comme située à l'ombre des idéologies enthousiastes ou de l'apparence éminemment attrayante et ludique des interfaces et des applications.

Ce n'est pas qu'il y aurait eu deux histoires ou plusieurs histoires parallèles plus ou moins contradictoires, c'est plutôt que le principe même qui se situe à leur fondement aura dès l'origine été conçu en vue de répondre à un unique axiome : celui d'accéder à un surcroît automatisé d'efficacité et d'optimisation organisationnelles. Dimension qui aura dans les faits contribué à soutenir la rationalisation sans cesse intensifiée des sociétés, mais suivant des modalités qui purent longtemps « avancer masquées » en quelque sorte, comme dans un bal aux allures insouciantes, dont la crudité des corps ne sera révélée que plus tard dans l'implacable clarté du jour. « Le premier caractère évident du phénomène technique est celui de la rationalité. Sous quelque aspect que l'on prenne la technique, dans quelque domaine qu'on l'applique, on se trouve en présence d'un processus rationnel. [...] Toute intervention de la technique est, en effet, une réduction au schéma logique, des faits, des pulsions, des phénomènes, des moyens, des instruments[9]. » C'est cette vérité énoncée par Jacques Ellul il y a plus d'un demi-siècle qui doit être revisitée à nouveaux frais, à la mesure de l'extrême intensification de la tension liant processus techniques et raison implacable du calcul, sensible dans la dénomination même de la notion dont on n'a pas voulu voir la froideur sous le soleil étincelant de la Californie : le *numérique*, soit l'instauration d'un rapport au réel placé sous le sceau de la puissance objectivante et non ambiguë des mathématiques et des nombres.

C'est encore la notion même de « révolution numérique » qui doit aujourd'hui être réexaminée – expression empreinte d'une dimension utopique inscrite dans toute aventure « révolutionnaire » – et qui aurait été depuis une vingtaine d'années partout reprise sans que son présupposé majeur n'ait été sérieusement évalué ou déconstruit. Formation sournoise et prégnante d'un « techno-imaginaire », pour reprendre la juste formule de Georges Ballandier, qui aura concouru à affecter jusque dans la langue une valeur jugée *de facto* positive à la numérisation progressive des sociétés. Il faut entendre dans le double vocable de *Big data* la défaite cinglante et définitive de tout imaginaire fictionnel ou de toute entreprise délibérée de *storytelling*. Néanmoins, c'est contre cet épuisement patent que voudrait s'opposer un récent lexique entrepreneurial, entendant renouveler le registre d'une « novlangue » censée annoncer de fructueuses promesses, particulièrement manifeste dans une série de mots aux consonances de quasi-slogans, qui fait se succéder les termes de *vitesse, variété, visibilité, valeur, véracité,* soit les 5 « V » dorénavant associés aux infinies virtualités en germe dans le « déluge de données ».

Les *Big data*, au-delà de toutes les perspectives économiques escomptées, doivent être comprises comme le passage d'un seuil épistémologique et anthropologique, qui veut que nos modes de perception et d'action sur le réel se constituent désormais au filtre majoritaire des données, résultats d'opérations réduisant *in fine* tout fait à des lignes de code, supposant une définition au chiffre près des situations. Car la virtuosité technologique contemporaine ne se pare pas d'une forme outrageusement spectaculaire, nous n'avons pas colonisé quelques planètes, nous ne nous déplaçons pas en voitures volantes, ou nos cités ne sont pas composées de mégastructures sans fin. Non, cette « magie » partout environnante opère sans tambour ni trompette, revêt des formes miniaturisées intégrées aux surfaces de nos réalités ou à nos corps, et répond à des processus majoritairement robotisés. Elle serait devenue presque transparente dans son extrême puissance, à force de s'adosser continûment à nos existences.

Or, sa force d'imprégnation sur les conduites individuelles et sur les sociétés, ainsi que la vitesse sans cesse accélérée de ses développements, appelle à entretenir un rapport actif à ce composé en perpétuel mouvement. L'enjeu consiste ici à marquer une distance à l'égard des phénomènes, à les observer en conscience, à instiller du soupçon au sein de l'évidence compacte de la réalité. Ce livre entend analyser de près l'axe décisif actuellement pris par la technique, en s'appuyant sur une *approche cartographique* des événements. C'est une méthodologie d'abord fondée sur un examen attentif du terrain que je souhaite développer, une sorte de phénoménologie des structures et des systèmes techniques. Posture stratégique qui veut se démarquer de tout jugement hâtif ou préorienté, en privilégiant un arpentage le plus objectif des faits, mené le long d'un plan continuellement mouvant mais saisissable dans ses constituants fondamentaux.

## UNE ENTREPRISE CARTOGRAPHIQUE

L'entreprise cartographique, dans son dessein d'opérer un relevé clinique des situations, suppose de se défaire d'*a priori* brouillant à l'avance les tracés avant même qu'ils n'aient été précisément auscultés. C'est notamment à l'écart de l'ancestrale et inopérante dichotomie entre les dénommés « technophiles » et « technophobes » que je souhaite me positionner, qui voit les mêmes rengaines indéfiniment se répéter dans leurs axiomes élémentaires, confortant *in fine* les uns et les autres dans de confortables et paresseuses convictions. Il faut entendre à cet égard les paroles de Lucien Sfez, dont l'œuvre mérite d'être redécouverte, et qui renvoyait dos à dos et à juste titre ces crispations infructueuses : « Il semble que l'on doive poser les choses autrement, renouveler les données, chercher une autre combinaison des éléments en présence si l'on ne veut pas ressasser à perpétuité les mêmes arguments et les mêmes faux classements – par exemple le classement entre technophiles et technophobes, qui n'a strictement aucun sens et dont nous espérons faire justice ici même[10]. » L'orientation que je privilégie ici consiste à ne pas envisager la technique ou « le numérique » comme une unité, comme une chose au sujet de laquelle on pourrait parler en soi, mais comme un foisonnement de dispositifs et de protocoles contradictoires ou convergents, dont il s'agit de dégager les *dynamiques structurantes* au-delà du bruit et de la fureur des divergences idéologiques.

Car on pourra tout formuler relativement au fait technique sans crainte d'être ébranlé dans ses certitudes, mais rien ne peut s'opposer à une organologie des systèmes qui ambitionne de dégager les *lignes de force majoritaires*. Ce sont elles qu'il faut faire parler, dont la vérité de leur évidence fera taire *de facto* tous les discours. C'est à un écart méthodologique auquel j'entends procéder, consistant non pas à percevoir les phénomènes à l'aune de catégories établies, mais à identifier les phénomènes et à révéler les catégories qui s'instituent par le développement de certains procédés et de leur adoption dans les usages. Exigence qui suppose de conjuguer un effort d'analyse, d'argumentation et de clarté, conforme aux principes cardinaux énoncés par la philosophie analytique et que je reprends ici à mon compte, mais délaissant les seuls enjeux de langage et de vérification scientifique des assertions, pour les tenir tels des outils indispensables à une exploration minutieuse de notre *ethos* global hyper-technicisé.

Ce que requiert encore cette phénoménologie des systèmes techniques, c'est de répondre à un souci généalogique qui vise à cerner l'origine des dynamiques actuellement à l'œuvre, dont certaines répondent à des schémas conceptuels bien antérieurs aux débuts de l'informatique ou à l'émergence du numérique. Filiations ensevelies sous les sédimentations historiques qui continuent cependant d'influer sur des modalités de pensée et d'action, sans que les liens opérants ne soient immédiatement repérables. Geste d'excavation qui permet de dévoiler l'intentionnalité de projets ou de plans[11] indissociables de représentations politiques, économiques, sociales, culturelles, pluriséculaires qui les inspirent plus ou moins silencieusement. Façon encore de saisir la dimension virtuellement uchronique de l'Histoire, qui aurait pu se déployer autrement si telle force avait moins agi ou si telle autre avait davantage pesé, sans qu'aucune hypothèse rétrospective ne puisse être assurée. Disposition qui concourt à dénaturaliser l'état actuel des choses tramé d'oppositions qui le constituent, et qui peuvent à tout moment se reconfigurer et infléchir diversement le cours du monde.

Une approche cartographique suppose enfin de risquer une audace prospective. Résolution qui ne doit pas être comprise comme une vaine propension futurologique, mais comme la capacité d'identifier des signes faibles, des velléités en germination ou des tendances à peine écloses, les tenant pour des évolutions probables appelées ou non ultérieurement à opérer des effets sur nos sociétés. Forme de vigilance aiguë ou paranoïaque mise à disposition de chacun, libre de se réapproprier sous une forme ou une autre un tableau recouvrant pour partie une valeur projective et d'agir en conscience sur l'axe de trajectoires jamais écrites à l'avance.

## HEURISTIQUE DES EFFETS

Cependant, le dessein qui m'inspire demeure partiel s'il ne compte, au-delà de l'observation des phénomènes et des mécanismes à l'œuvre, évaluer les *effets* induits. C'est l'analyse de l'*impact* occasionné sur les êtres et la société qui seule permet une évaluation critique des dispositifs. C'est ce que je nomme une *heuristique des effets*, qui appelle de saisir la portée des incidences, sous leur mesure massive ou majoritaire, en ne négligeant pas le fait que les usages supposent certes des jeux de réappropriation, mais qui se déroulent à l'intérieur de cadres dictant des règles qui imposent *in fine* leur pouvoir déterminant. Si je tiens Michel de Certeau comme la figure majeure d'une sociologie ou d'une phénoménologie des usages, qui avait raison de vouloir opérer une focalisation sur les rapports subtils et individualisés que chacun peut entretenir avec ses artefacts techniques environnants, il n'a en revanche pas su ou voulu voir la nature des dispositifs qui *structurent* en amont ces mêmes rapports. Ce n'est pas parce que nous sommes tous plus ou moins dotés de la faculté de composer ou d'inventer des marges d'action avec nos protocoles techniques qu'ils ne doivent pas eux-mêmes faire l'objet d'un examen propre. C'est ce qu'occulte Danah Boyd[12], par exemple, en dressant une sociologie minutieuse et documentée des différentes formes d'utilisation de Facebook par les adolescents, mais qui jamais n'interroge l'interface générale et les fonctionnalités imposées par la plateforme, alors que si d'autres structurations étaient à l'œuvre, d'autres modalités expressives et relationnelles pourraient se constituer. Posture apparemment ouverte dans le juste refus de céder à tout principe de causalité mécaniste, mais qui conduit inévitablement à une légitimation des procédés, omettant au bout du compte leur ampleur contraignante. Une heuristique des effets suppose au contraire de tenir compte de la relation qui unit un phénomène à son origine, en n'isolant pas les usages de leur terrain d'action, elle sous-tend une intransigeance stratégique ou un mode d'observation *radical* qui relie systématiquement les effets à leurs *racines*.

Nous entretenons généralement un rapport de type *pharmacologique* à la *technè*, comme nécessairement empreinte d'une dimension ambivalente inhérente, soumettant chacune de ses occurrences à la sempiternelle équation opposant « avantages » et « inconvénients ». Posture (ou absence de posture) qui, au nom de la capacité humaine à s'*adapter*, conclut au pire des cas à postuler à une inconséquente « neutralité de la technique », ou alors à la nécessité de réviser ses pratiques, de les soumettre à une « hygiène » ou à une « bonne écologie », sans saisir que nombre de protocoles ne relèvent en aucune manière d'une ambiguïté pharmacologique, mais d'une seule force productrice d'effets coercitifs : « Il faut voir, surtout, qu'il n'y pas de *recettes* ; il n'y a plus de *pharmakon*, même marxiste ou psychanalytique. Ce n'est pas de recettes, d'ailleurs, que nous avons besoin, ce n'est pas non plus d'être rassurés, c'est d'échapper à l'insensé[13]. » Il faut ici comprendre l'*insensé* comme ce qui, par des constructions *ex abrupto*, ignore ou méprise certaines valeurs fondamentales, défie tout héritage, toute règle, toute loi, s'accommode sans gêne ou honte de l'*hubris*, infligeant une offense indigne à la condition humaine. Notion qui doit encore être entendue comme l'abandon de la volonté d'intervenir *en conscience* non pas sur le cours des choses mais au cœur même des choses ou des processus. C'est exactement l'objectif de mon entreprise qui vise à s'éloigner du dogme pharmacologique remettant à plus tard un meilleur rapport possible à entretenir aux systèmes, en pariant à terme sur « l'humanité » des personnes, alors qu'il relève d'un impératif d'évaluer de près leur part d'*inhumanité*, entendue comme une violence coupable faite à ce qui nous constitue comme êtres sensibles, singuliers, libres et responsables.

## THÉORIES POLITIQUE ET ÉTHIQUE DE LA TECHNIQUE

Le biotope numérique aura contribué à instaurer une « techno-gouvernementalité » de la vie. Finalement le projet politique le plus massif et étendu de l'histoire n'aura pas eu de signataire, il se sera déployé par l'action d'une multitude d'entités publiques et privées éparses ou reliées entre elles, exerçant un pouvoir sans cesse plus prégnant sur les existences. C'est le champ d'action de la politique institutionnelle que la *technè* contemporaine perturbe, en gagnant en autonomie, en infléchissant la nature de nos comportements, et en contribuant à déstabiliser ou à dissoudre certains principes démocratiques historiques. Je souhaite opérer ici un « rapatriement » de la technique dans le champ politique, non pas qu'il doive imprimer l'orientation de chacun de ses développements, ou les soumettre systématiquement à la délibération, mais qui suppose au préalable de constater la portée de son impact sur nos sociétés.

Position qui en appelle à l'édification d'un cadre d'action commun, favorisant l'imposition concertée de limites, l'avènement de contre-pouvoirs, autant que des jeux de réappropriation individuels et collectifs. Or ce que je nomme le TECHNO-POUVOIR se caractérise par la consolidation de positions dominantes ou par la diffusion planétaire et synchrone de ses productions qui imposent des règles sociales non écrites, sans que lui-même ne fasse l'objet d'une *praxis* politique à la mesure de sa puissance. Une philosophie de la technique est indissociable d'une philosophie politique des mécanismes techniques, entendue comme une théorie évaluative et critique menée à l'égard d'instances de gouvernementalité devenues prépondérantes. Ce n'est pas d'un mode d'emploi dont nous avons besoin, mais d'une analyse minutieuse des relations de pouvoir qui s'instituent et qui appellent l'élaboration volontaire, plurielle et contradictoire d'autres configurations possibles.

Néanmoins, une politique de la technique ne peut être comprise comme une seule entreprise d'identification de marges d'intervention possibles vide de critères ; elle doit à mon sens être mue par un souci éthique. Pour ma part, je souhaite privilégier une approche spinoziste, qui aspire à une augmentation de puissance individuelle et collective, entendue comme la condition nécessaire à un plein épanouissement ne portant pas atteinte à l'intégrité d'autrui. Impératif que je lie indissociablement à la préservation de certains principes fondamentaux qui structurent notre citoyenneté et civilité communes. Une part de ce qui nous constitue au présent est redevable de conquêtes fondatrices, d'« acquis » souvent obtenus grâce à des luttes ardues, ou à la maturation progressive des mentalités. Le propre des technologies numériques, c'est qu'elles bousculent nombre de catégories, engendrant des dérèglements de toute nature ici ou là légitimés par des postulats idéologiques assurant que chaque facteur de nouveauté répond à la « naturalité » de la vie et qui ne peut ou ne doit pas être contrariée. C'est d'abord une distinction entre le biologique et le culturel qu'il convient d'affirmer, autant que de rappeler que si le renouvellement constitue certes la logique propre du vivant, il nous revient, en tant qu'entité vivante singulièrement dotée de capacités réflexives, de déployer une conscience autant qu'une licence d'action à son égard.

Une éthique répond à la conviction qu'une *faculté agissante* sur les phénomènes nous caractérise ontologiquement. Vu la force déstabilisatrice et la puissance d'imprégnation de la *technè* sur nos existences, il relève d'une nécessité philosophique, politique et sociale de développer une « théorie éthique de la technique ». Exigence que formulait Hans Jonas en 1979, sans que son aspiration n'ait été pleinement prise en compte, alors qu'elle renvoie aujourd'hui à une urgence civilisationnelle : « Nulle éthique traditionnelle ne nous instruit sur les normes du "bien" et du "mal" auxquelles doivent être soumises les modalités entièrement nouvelles du pouvoir et de ses créations possibles. La terre nouvelle de la pratique collective, dans laquelle nous sommes entrés avec la technologie de pointe, est encore une terre vierge de théorie éthique[14]. »

Engager une théorie éthique de la technique consiste à ne pas seulement concevoir le génie humain comme un producteur ingénieux d'artefacts, mais comme devant, à un moment de la chaîne des processus, opérer une suspension et soumettre les procédés, non pas à un examen moral jugeant du bien ou du mal, mais à une évaluation de ce en quoi certains schémas ou dispositifs favorisent la réalisation individuelle et collective, ou s'ils concourent au contraire à l'étouffer ou à l'annihiler. Face à la puissance devenue littéralement hors-norme du « maelström numérique », il convient d'élaborer des *techniques théoriques* capables de circonscrire les conditions complexes de sa formation, et à les soumettre à une analyse critique, virtuellement porteuse d'autres horizons possibles. C'est exactement l'objet de cette recherche, qui entend entreprendre une libre exploration du temps présent et faciliter pour quiconque la possibilité de modifier heureusement certaines des conditions locales et singulières d'une topographie globale, qui appelle en droit et en devoir à être de partout et à tout instant redessinée.

# I

# -

# LA TOTALISATION NUMÉRIQUE

# –1
# LA PUISSANCE RATIONALISANTE DES NOMBRES

Le principe de la numération témoigne dès son origine de la volonté d'entretenir un rapport quantitatif au réel. De nombreuses solutions abstraites ou matérielles se sont succédé au cours de l'histoire destinées à comptabiliser les êtres et les choses, parmi lesquelles le système à base de signes hiéroglyphiques mis au point dans l'Égypte ancienne, ou plus tard les chiffres arabes, qui autorisèrent la schématisation des opérations algébriques. Ce furent également les abaques, et surtout les bouliers –contemporains des tablettes d'argile comme supports d'écriture–, qui facilitèrent la levée des taxes et qui plus largement participèrent d'une administration plus efficace des cités. Autant d'artefacts qui favorisèrent les échanges commerciaux et contribuèrent aussi à l'apparition de la monnaie, qui relève tout autant d'un procédé de mesure. L'invention des mathématiques est indissociable de l'aspiration à percevoir les phénomènes sous la plus exacte précision grâce à une « raison pure » dénuée des contingences sensibles, permettant d'agir en toute conscience sur le concret des choses d'après des grilles d'intelligibilité supposées rationnelles et fiables.

C'est conformément à cette exigence qu'auront été élaborés, avec plus ou moins de succès ou d'efficacité au cours des siècles, des dispositifs appelés à suppléer certaines des capacités cognitives humaines et à manipuler des masses volumineuses de chiffres. Une longue histoire, lente et laborieuse, a vu des individus épars et souvent isolés chercher à mettre au point des « machines de calcul » capables d'effectuer des opérations à l'aide de processus pour partie automatisés. Ce sont principalement

Blaise Pascal et sa Pascaline et Leibniz et sa machine à cylindre cannelé qui représentent les figures majeures qui s'engagèrent activement au cours du XVIIe siècle dans la tentative d'élaborer des systèmes artificiels dotés de fonctionnalités certes utilisables mais limitées, et qui durent *in fine* se confronter à des obstacles techniques à l'époque insurmontables.

Charles Babbage, lors du premier tiers du XIXe siècle, entendit parachever ce long mouvement historique sinueux en s'efforçant de réaliser une machine complexe pouvant procéder d'elle-même à des calculs, grâce à l'incorporation des cartes du métier jacquard dont la lecture séquentielle commandait des instructions au dispositif. Ada Lovelace, la fille de lord Byron, l'assista dans son entreprise, accomplissant non seulement une description annotée de l'appareil analytique, mais imagina aussi le principe de l'algorithme destiné à être exécuté par un automate. Figure aujourd'hui mythique, considérée comme le premier programmeur – ou programmeuse – de l'histoire, qui ensuite pressentit certaines des possibilités offertes par les calculateurs universels qui dépassaient le seul cadre des fonctionnalités arithmétiques, constituant alors l'unique objet de recherche de Babbage et d'autres de ses contemporains. Ambition visionnaire pour Babbage ou intuition prophétique pour Lovelace, néanmoins, l'un et l'autre durent se confronter aux limites alors incontournables d'ordre tant technologique qu'épistémologique.

Il ne relève pas d'un hasard de l'histoire que ce soit Charles Babbage, qui s'appliqua tout au long de son existence à concevoir des instruments computationnels autonomes et fiables, qui fut dans le même mouvement le concepteur initial du modèle pré-fordiste de l'usine moderne, tendu vers sa plus haute optimisation fonctionnelle et productive. Son fameux livre *Économie des machines et des manufactures*[1] expose sur des centaines de pages des méthodes aptes à perfectionner sous diverses formes l'organisation générale des unités de travail. On peut imaginer que c'est un même souci d'efficacité qui se situe au croisement de ces deux activités majeures de son existence, voulant recourir à la puissance d'appréhension de certains phénomènes par la grâce objectivante des nombres, afin de conduire à l'administration la plus rationalisée des mécanismes de production, des personnes et des biens. Babbage demeure la figure tutélaire de la généalogie de l'informatique au même titre qu'Alan Turing, qui exactement un siècle plus tard s'efforcera de toutes les forces de son corps et de son esprit d'édifier des procédés automatisés de cryptanalyse, capables de déchiffrer les messages émis par les armées nazies transmis au moyen des machines Enigma et qui contribuèrent pour partie à la victoire des Alliés. Double origine qui signale la connivence historique et constitutive de la science computationnelle avec les pratiques de gestion managériale et le domaine militaire.

À la suite, les champs industriels et économiques voulurent profiter des capacités offertes par le traitement automatisé de l'information, afin de soumettre une partie de leurs activités à des protocoles techniques dotés d'un pouvoir accru d'efficacité organisationnelle. Objectif qui put se réaliser grâce à l'introduction de volumineux calculateurs au sein des espaces professionnels durant les années 1960, prioritairement en vue d'assurer une gestion optimisée des biens et des personnes. Mouvement qui fut plus tard prolongé par la réduction de l'alphabet romain à des codes binaires, rendant possible le stockage et la manipulation de corpus écrits, étendant les fonctionnalités initiales de la computation électronique dont les applications purent alors s'étendre aux services, à l'administration publique, au domaine universitaire ou plus largement à celui de la recherche. C'est un gain de temps associé à une commodité d'usage – soit une plus haute productivité –, qui était visé par ces différents domaines. Une décennie plus tard, les ordinateurs personnels s'introduisirent dans les foyers, offrant aux particuliers la possibilité d'utiliser les premiers traitements de texte ou de s'adonner à quelques jeux sommaires.

Séquence ensuite prolongée par la numérisation du son, manifeste dans l'apparition des premiers CD au début des années 1980 suivie de leur rapide généralisation. C'est un autre régime symbolique qui au cours de la décennie suivante sera à son tour réduit à des chiffres : celui de l'image fixe et animée. Le logiciel historique Photoshop, implémenté dans les PC, rendit alors possible la retouche de documents photographiques, découvrant ainsi un nouveau cadre de perception et de maniement placé sous l'unité élémentaire du pixel. Ce sont encore les appareils photo et les caméras qui bientôt se convertirent au format numérique, dont la connectique standardisée autorisa le téléchargement des fichiers sur les disques durs, ainsi que des jeux de manipulation ou de montage *via* des logiciels dédiés. À peu près au même moment, l'interconnexion planétaire sous le protocole TCP/IP s'universalisa rapidement, favorisant une communication aisée et à coût sans cesse réduit entre individus, inaugurant plus largement au tournant du nouveau millénaire « l'âge de l'accès ». Nouvelle condition globale, qui permit sous le sceau largement majoritaire de la gratuité de parcourir depuis son ordinateur personnel une multitude de corpus textuels, sonores et iconiques en continuelle extension.

Cette impulsion entamée il y a plus d'une trentaine d'années revêtit les contours d'une « parenthèse enchantée » au sein de l'histoire de l'informatique. C'est comme si sa part relativement confidentielle jusqu'au milieu des années 1980, prioritairement réservée à certains secteurs professionnels, s'ouvrait d'un coup aux individus qui la découvraient sous la seule valeur d'un accès virtuellement infini aux savoirs du monde, et sous une dimension ludique induite par l'engageante ergonomie des machines et de leurs programmes. Il était inévitable qu'une forme d'utopie ou d'enthousiasme généralisé imprégne l'air du temps, pouvant laisser croire à l'émergence d'un cycle d'émancipation individuelle et collective fondé sur la disponibilité des biens culturels, la libre expression des personnes et l'horizontalisation des échanges.

C'est une idéologie posthippie libertarienne, d'origine principalement californienne, qui contribua à propager un imaginaire radieux et quasi messianique affecté aux technologies numériques. Conviction qui se substitua au constat majoritairement établi depuis le siècle précédent qui envisageait les machines sous leur pouvoir massivement aliénant, et qui désormais, grâce à leur usage individualisé et leur pouvoir communicationnel, semblaient dégager de nouveaux horizons cognitifs, créatifs et relationnels. Croyance qui se formalisa dans le langage, notamment sous les termes d'« autoroutes de l'information », d'« intelligence collective », d'« économie de la connaissance », autant d'expressions qui toutes corroboraient directement ou obliquement l'axiome d'une puissance libératrice en germe dans cet « écosystème » en formation.

C'est encore du côté de la Californie que se tramaient d'autres embranchements à cette histoire, mais là à l'abri du soleil, au sein de laboratoires de recherche – principalement ceux de Google –, qui entendaient non seulement exploiter la formidable puissance de pénétration des comportements par l'interception et l'analyse des traces numériques, mais qui encore s'efforçaient d'étendre sans fin la mise en nombres du monde en vue de monétiser l'art complexe de son indexation. Orientation qui demeura longtemps masquée par des discours restant aveugles aux structures et aux modèles qui se constituaient à l'écart des enthousiasmes naïfs. On peut aujourd'hui considérer que la réduction des champs symboliques à des codes binaires, qui aura permis la perception et la manipulation croisées de documents textuels, sonores, iconiques *via* de mêmes interfaces et des logiciels dédiés, ne renvoyait pas à l'ambition liminaire de rationalisation administrative et économique, mais qu'elle constitua un phénomène divergeant ou non initialement programmé, une sorte de « cygne noir[2] » dans l'histoire de l'informatique. Mouvement graduel de numérisation qui s'est accru ou radicalisé depuis le début du nouveau millénaire par la réalisation d'un équivalent chiffré de pans de plus en plus étendus du réel, emblématique dans les plateformes Google Earth, Google Maps, Google Streets…, ou sensible dans bien d'autres systèmes et applications qui témoignent d'un maillage de la réalité par une matrice digitale indéfiniment expansive.

Ambition qui ne cherche plus à élargir l'accès aux corpus culturels ou aux différents champs du savoir, mais à transformer en information chaque fragment du réel par l'implantation massive et tous azimuts de *capteurs*. Le projet d'imprégner les substances du monde de puces sensibles vise certes l'érection d'un *panopticum* électronique destiné à embrasser un état global des choses, mais davantage à rendre possibles de nouvelles postures anthropologiques, fondées sur l'évaluation continue des situations et un *ajustement* automatisé entre unités organiques et physiques, en vue d'éviter toute perte et de tendre vers une pleine maximisation. C'est la volonté initiale de rationalisation qui est ici puissamment relancée, n'aspirant plus seulement à une organisation partielle des choses, mais qui ambitionne d'instaurer un *rapport totalisant* aux phénomènes, placé sous la puissance implacable et non ambiguë d'une raison numérique universelle dotée d'un pouvoir de pénétration, de discernement et d'action à terme intégral et infaillible.

## – 2
# L'ÈRE DES CAPTEURS

Notre période est caractérisée par un mouvement massif d'incorporation de capteurs au sein de surfaces toujours plus étendues du réel. C'est un âge POST-SYMBOLIQUE qui émerge dans le processus historique de numérisation, non plus dressé afin d'autoriser l'accès et la manipulation de l'information sous la forme de l'écrit, du son ou de l'image, mais afin de transformer chaque fragment du monde en une instance de captation et de transmission d'information. C'est dans le langage que cette architecture est d'abord apparue vers le milieu de la première décennie du XXI^e^ siècle, sous le terme d'« Internet des objets ». Voilà un exemple patent de la façon dont le verbe précède parfois l'amorce effective des phénomènes. Il faut se souvenir de cette brève séquence historique au cours de laquelle nombre de personnes ou d'instances – « leaders économiques », experts, presse spécialisée – évoquaient avec assurance le franchissement annoncé d'un seuil, alors que les procédés aussi bien dans leur modalité formelle que dans leurs fonctionnalités étaient technologiquement incertains, non précisément définis ou littéralement balbutiants. Écart patent entre les mots et les choses qui manifeste une propension marquée dans la « techno-prose » contemporaine à vouloir au plus près coller au rythme des évolutions, à s'exalter de cette proximité à une nouvelle forme de vérité en perpétuelle transformation.

Décalage qui témoigne encore d'une « velléité performative » d'origine principalement industrielle, qui vise à faire précéder des horizons, des images, un lexique propre, afin de susciter en amont l'éclosion d'un imaginaire attractif et séduisant. Charge symbolique susceptible d'encourager une intériorisation collective favorable relativement à un phénomène en devenir, apte à générer des fonds de soutien publics ou privés, exactement à l'instar de ce qui s'est produit aux États-Unis au cours des années 1990 à l'égard des « autoroutes de l'information » ou en France durant la décennie suivante à l'endroit des nanotechnologies. La *doxa* consistait alors à affirmer que la quasi-totalité des objets étaient appelés à terme à être pourvus de puces RFID et à communiquer entre eux ; leur « physiologie individuelle » ainsi que les usages devant être suivis *via* des URL au sein d'une « Toile des choses ». La réalité contemporaine revêt des contours sensiblement différents. Elle n'expose pas tant une constellation globale d'objets interconnectés qu'un nombre de plus en plus étendu d'unités physiques ou organiques équipées de puces, émettant des informations de tous ordres vers des myriades de serveurs non nécessairement reliés entre eux. C'est davantage une mise en réseau semi-fermée ou fermée entre « objets communicants » qui actuellement se constitue, associant dispositifs de captation, systèmes automatisés de traitement des données et applications dédiées.

Un horizon virtuellement infini s'ouvre au mouvement d'implantation tous azimuts de capteurs, destinés à directement recueillir sous format numérique des informations de toute nature, appelées à terme à constituer la source majoritaire de la production globale de données. L'industrie s'est précocement engagée dans un processus d'intégration de puces le long des différents points de production – robots de fabrication, postes de travail, entrepôts, emballages, palettes, unités de transports –, autorisant un suivi de nombreux mécanismes à l'œuvre. L'automobile représente l'archétype de la « machine communicante », partout imprégnée de senseurs qui transmettent des flux de *data* à un processeur central embarqué, bientôt à des serveurs situés à distance ainsi qu'aux véhicules environnants, conduisant à terme à l'érection de systèmes de régulation automatisée du trafic déployée en temps réel.

Les espaces urbains sont ponctués de « renifleurs » qui analysent la qualité de l'air, les taux de pollution, les niveaux de densité de microparticules ou de pollen, ou les indices de radioactivité. Les parkings taguent peu à peu les places de stationnement en vue de signaler l'état de leur disponibilité. Des lignées de lampadaires s'activent d'après le volume de personnes présentes sur leur zone environnante. Nombre de parcs, jardins, forêts, surfaces agricoles ou vinicoles sont désormais pénétrés de senseurs, afin de suivre l'évolution de la flore, de procéder à un arrosage automatique en fonction des stricts besoins nécessaires, de repérer des germes ou de déceler grâce à des spectromètres la juste maturité des raisins au moment des vendanges. Dans un tout autre genre, aux États-Unis, le prototype « Gunfire Locator » détecte les tirs de revolver et alerte aussitôt les postes de police situés à proximité ; loin de la frénésie des villes, des « vaches connectées » signalent par l'envoi d'un SMS leur situation hormonale et avertissent de l'opportunité de procéder à l'opération de reproduction. Il serait vain de vouloir dresser une liste exhaustive, il est probablement plus pertinent de signaler un ordre de grandeur : entre 2010 et 2012, le nombre d'unités communicantes serait passé de quatre à quinze milliards ; la compagnie Ericsson prédit un volume multiplié par trois d'ici 2020.

Un genre d'information jusque-là voilé émerge, confirmant l'*approfondissement cognitif* en cours de constitution, par le fait de procédés entraînant des modalités inédites et élargies d'intelligibilité de certains phénomènes. IBM a par exemple élaboré un dispositif de « sécurisation de bureaux *via* une technologie informatique de surface », imprégnant le sol de capteurs en vue de diverses fonctionnalités : détection de chutes, suivi des parcours, signalement de présence ou d'intrusion malveillante. Un prototype de « siège intelligent » mis au point par Shigeomi Koshimizu, professeur à l'Institut avancé de technologie industrielle de Tokyo, évalue la disposition générale d'un conducteur assis dans son véhicule, mesure les niveaux de forme et d'attention et peut, le cas échéant, déconseiller la mise en route. Le couteau Smart Knife, doté de senseurs et d'écrans tactiles, expose les différentes caractéristiques des aliments découpés : leur composition, leur valeur calorique, le niveau de fraîcheur... La « main opposée » pourrait dans le même mouvement tenir la fourchette Hapifork, conçue pour s'alimenter « à la bonne vitesse et au bon moment », qui signale toute ingurgitation trop rapide qui perturbe la digestion ou concourt à la prise de poids.

L'expansion de capteurs est indissociable de la baisse continue de leur coût, de leur constante miniaturisation, de leur qualité régulièrement accrue et de la généralisation de nouveaux dispositifs : les MEMS (*MicroElectroMechanical Systems*) affectés de « capacités sensorielles » amplifiées. Composants notamment intégrés aux smartphones qui les dressent tels des « terminaux sensibles » autorisant la manipulation tactile, la mesure de la température, de l'humidité, de l'index UV, de la pression atmosphérique, de la qualité de l'air, de certains flux physiologiques du corps ou encore l'analyse de l'ambiance olfactive. Une sorte de « faculté ubiquitaire » s'instaure qui permet de suivre de partout des situations et d'agir à distance : vision du domicile *via* des images vidéo, fermeture des volets, réglage de température... Architecture générale qui octroie encore à des systèmes la licence de donner d'eux-mêmes des ordres en fonction des besoins évalués en temps réel, à l'instar de l'Internet Fridge Samsung, informé de l'état des stocks et pouvant passer commande des produits à renouveler.

À terme, c'est un *horizon nanométrique* qui pointe. Les nanocapteurs pourront recouvrir des surfaces sur leur totalité, sous forme de peinture ou de pellicule apposées sur des machines-outils, véhicules, avions, immeubles, routes, ponts, et récolter des indications relatives aux usages, à la fréquentation, à l'usure.

Rien ne limite en théorie la pose de puces sur chaque particule, revivifiant ainsi la conception atomiste antique, mais l'érigeant comme un principe viabilisé de connaissance intégrale, puisque instituant dorénavant tout atome comme une unité élémentaire apte à témoigner seule ou en réseau de l'état évolutif du monde : « Il n'y a dans l'univers entier, aucun fond ni aucun lieu où puissent s'arrêter les atomes, puisque l'espace sans limite ni mesure est infini en tous sens[3]. »

Large paradigme qui contribue non seulement à amplifier de façon sans cesse croissante la production de données, mais qui participe également d'une sorte de « technicisation achevée de la nature » comme de part en part enveloppée ou infiltrée de dispositifs de captation informationnelle. Il est tout autant possible d'inverser la formule et de constater que c'est la technique qui s'est comme naturalisée, revêtant désormais des formes proches de celles à l'œuvre dans le vivant, se déployant suivant des schémas et des processus biomorphiques. Une culture globale renoue actuellement avec des traditions animistes immémoriales, qui envisagent le monde telle une surface partout sensible mue par une rythmique énergétique ininterrompue. Un témoignage de pans sans cesse plus étendus de la réalité s'instaure, supposant à terme l'absence de trou dans notre perception des phénomènes, dotée d'une puissance de pénétration virtuellement intégrale. L'ère postsymbolique inaugure une nouvelle condition cognitive, capable d'observer en surplomb les choses et de suivre localement ou globalement leurs états indéfiniment évolutifs, formalisant l'ambition scientifique ancestrale à vouloir soumettre le réel à l'emprise totalisante et exclusive de la *ratio* humaine : « La fiction imaginée par Laplace, d'un démon omniscient, capable de connaître, à l'instant *t*, la position et la vitesse de chaque élément constitutif de la nature physique, symbolisait le projet de cette science universelle, objective, parfaitement déterminée et finalement close[4]. »

## – 3
# INTEROPÉRABILITÉ UNIVERSELLE ET PERCEPTION INTÉGRALE

Le processus historique de numérisation progressive à visée désormais intégrale a institué un régime d'*interopérabilité universelle.* Architecture technico-cognitive qui permet d'agréger des informations de toute nature réduites à un « idiome » commun, pouvant par exemple corréler la mesure de la physiologie d'un arbre à des statistiques de pollution, à celles des variations météorologiques locales, à la densité de population fréquentant le parc où il se situe, à la faune qui l'environne, à des commentaires relatifs à l'état de son écorce, aux éventuelles images prises par les visiteurs et postées ici ou là… Un nouveau « genre de connaissance » apparaît, fondé sur la mise en relation virtuellement inépuisable d'une infinité de sources hétérogènes. C'est l'avènement d'un « panthéisme symbolique » qu'il faut ici saisir, faisant se mêler au sein de mêmes ensembles des données qui jusque-là ne pouvaient qu'être additionnées ou comparées entre elles dans leur dimension analogique, et qui désormais peuvent être traitées par des systèmes gérant indistinctement des unités standardisées. Langage universel constitué de codes uniformisés, résultat d'une parcellisation élémentaire des phénomènes susceptible de « faire parler » tout fragment du monde avec tout autre.

Configuration qui inaugure un rapport tendanciellement *totalisant* au réel, envisagé comme n'ayant plus d'échappatoire, de « case vide », pouvant être appréhendé non seulement à partir de chacun des points singuliers qui le composent, autant que sous des relations indéfiniment combinatoires entre eux. L'écart entre les choses se défait, au profit de la constitution de magma unifié « compactant » l'intégralité des éléments exposés à une visibilité et à une intelligibilité immédiates. Mode de perception qui s'apparente à une omniscience divine, affectée d'un pouvoir d'entendement transcendant les conditions usuelles de l'expérience telles que définies par Kant au XVIII^e siècle.

Ce fait majeur d'une *codification universelle interopérable* n'est pas encore saisi dans toute sa portée, et correspond à une sorte « d'esperanto de la donnée ». L'unité binaire, par sa nature rudimentaire, aura contribué à établir une forme d'équivalence entre toute substance, dénuée de relief, de hiérarchie, de catégories de jugement. L'état d'un pneu recouvre la même valeur brute que l'échographie d'un fœtus. Le monde peu à peu se redouble en un plan ininterrompu et indifférencié de chiffres. C'est le retour du rêve galiléen d'une prescience absolue rendue possible par la « totalisation mathématique » que le mouvement de numérisation, à terme intégral, aura induit, à la différence près qu'il ne renvoie plus à une idéalité philosophique, mais à une *praxis* qui érige le réel comme un *continuum* de significations indéfiniment appréhendables. Fantasme ou ambition en cours d'achèvement qui renvoient au long processus historico-scientifique qui visait dès ses premières impulsions l'acquisition progressive d'une connaissance exacte et globale des choses : « La science universelle, qu'est-ce d'autre – en la supposant idéalement accomplie – que le *Savoir Total* ? Celui-ci est donc pour les philosophes réellement un but, situé sans doute à l'infini, mais cependant réalisable. Non pas un but pour des communautés de chercheurs isolées ou éphémères, mais bien le progrès infini des générations, engagées dans des recherches systématiques[5]. »

Nous sommes engagés dans une épistémè du *synchrone* et de l'*intégral* conformément à une puissance d'intellection instantanée et sans borne. C'est une nouvelle condition cognitive qui émerge, relevant d'un ordre quantique ou démiurgique, puisque non entravée par le principe physique et ontologique de la séparation, au profit d'un rapprochement, d'une compression plutôt, entre tous les éléments du réel. Désormais, chaque événement peut être capté en tant que tel et témoigner de sa qualité propre, autant qu'être virtuellement mis en lien avec tout autre. C'est cela la mise en données du monde, sa *datafication*, ne s'éprouvant plus comme un horizon infini de faits épars, mais comme un registre intarissable d'équations évolutives, exposant ou révélant en temps réel l'état général et singulier des choses grâce à la réduction numérique universelle relayée par la puissance de systèmes corrélatifs et d'algorithmes interprétatifs.

# –4 LA DATAFICATION

La *datafication* correspond au principe épistémologique en devenir qui veut que le monde s'institue comme une sorte de MÉTA-DONNÉE unique et universelle. Milieu en cours de formation qui découvre une revitalisation inattendue de la thèse de Cratyle, personnage du dialogue de Platon du même nom, qui croyait à une relation nécessaire et non construite entre les mots et les choses. Cette illusion cratyléenne qui pendant vingt-cinq siècles en Occident passa pour une incongruité ou une naïveté se trouve aujourd'hui attestée, voyant toute unité singulière dotée de son équivalent chiffré ou de sa signature propre.

Notre rapport à l'environnement s'inscrit sous la forme de stimuli informationnels sensoriels qui déterminent les conditions de l'expérience dans l'espace et le temps. C'est une nouvelle couche épistémique que nous avons fait apparaître, qui intercepte à la source les manifestations sensibles et les transforme en un langage universel de partout accessible. Instauration progressive d'un « savoir transcendant » qui excède les conditions immanentes de la perception, qui ne doit pas être entendu comme un schème substitutif, mais comme une couche de « sensibilité computationnelle » s'agrégeant au cours de nos quotidiens, néanmoins appelée à progressivement supplanter pour une large part notre intelligibilité immédiate des choses.

La *datafication* suppose un rapport de *granularité* établi avec les faits. La granularité définit le plus petit niveau de détail géré par un système, produisant un découpage distinctif au sein de masses de *data*. Elle nomme une aptitude technico-cognitive dotée d'une haute précision qui prend son exactitude au fondement élémentaire de chaque phénomène. Opération qui se constitue à l'aide de processus automatisés en théorie capables de « survoler » tout point, de les examiner isolément sous de multiples critères ou de les faire partiellement converger en vue d'exposer une cartographie contextualisée et dynamique des situations. Émergence d'une capacité humaine à pouvoir tout saisir à « l'atome près », au sein d'un plan continuellement modulable allant du strictement local à une couverture virtuellement globale.

C'est un œil intégral ou surhumain que se forge l'humanité, mais qui au contraire des mythes ou des fictions historiques passés n'est plus détenu par quelque divinité, empereur ou entité unique et omnipotente, mais qui se trouve partout distribué, entretenu et exploité par une myriade d'instances publiques ou privées et qui en temps réel est prodigué sous la forme de fonctionnalités de tous ordres aux individus. Modalité d'appréhension en devenir qui détermine non seulement une compréhension toujours plus étendue et approfondie des événements, autant que les formes du monde modelées en retour par un suivi continu de ses états.

Condition épistémo-anthropologique qui inaugure un régime d'expérience orienté ou guidé par des équations mathématiques supposées gérer sous la plus haute efficacité chaque occurrence spatiotemporelle. C'est au filtre de l'« exactitude algorithmique » que s'institue désormais le cadre d'intelligibilité et d'agissement individuel et collectif. Dimension performative de ce savoir par la force de sa puissance, et qui réalise comme miraculeusement ou parfaitement l'ambition ancestrale de maîtrise sur le cours des choses. Achèvement en cours d'un long processus scientifique et culturel historique précisément circonscrit par Husserl, qui liait de façon conjointe et causale le principe d'une connaissance absolue et la qualité de l'action humaine, suivant des schémas strictement rationnels devant nécessairement conduire à la plus large emprise sur le monde : « De pair avec cet accroissement et ce perfectionnement de la puissance de connaissance à l'égard de la totalité, l'homme acquiert aussi sur le monde ambiant de sa *praxis* une domination toujours plus parfaite et qui s'étend en un progrès infini[6]. »

# — 5
# DIMENSION PERFORMATIVE DES *DATA*

Tableaux perpétuellement dynamiques de la réalité qui ne revêtent pas une seule dimension informationnelle, mais qui opèrent des *effets de rétroaction* sur les gestes, peu à peu délivrés de l'imprécision ou du « bruit » jusque-là tenus comme consubstantiels à l'expérience. C'est une « compression » dans le processus de la décision qui se constitue, se déterminant suivant des délais toujours plus resserrés. Le sursis se réduit entre une perception toujours plus informée et les modes d'agissement en retour. Récente rythmique qui correspond à une nouvelle forme d'efficacité en acte établie sur la dissolution progressive de toute latence, conduisant à un surcroît d'économie rationnelle du temps. C'est la notion de « temps réel » qui subit une modification, ne correspondant plus seulement à ce qu'elle nommait au cours des années 1980, soit des modes d'accès ou de manipulation de l'information qui se réalisaient simultanément et sans retard au déroulement des procédés techniques qui les rendaient possibles. Elle nomme tout autant et dorénavant des architectures qui mêlent au sein de mêmes systèmes l'*interprétation automatisée des situations* et la *prise d'initiative* en fonction des résultats, soit par des robots numériques, soit par des humains.

Dimension qui témoigne de l'émergence de *processus chronosensibles* faisant de tout résultat d'équation une valeur immédiatement performative, suivant un schéma qui imprègne progressivement l'ensemble des conduites individuelles et collectives. La suspension qui disjoint usuellement l'appréhension d'un phénomène de la réalisation d'un acte s'amoindrit, signalant la constitution en cours d'une autre temporalité. Probablement s'agit-il là de la manifestation la plus emblématique et paradoxalement la plus discrète de l'accélération sans cesse croissante qui frappe les sociétés. Défilements informationnels permanents qui gouvernent sans pause ou distance le cadre de l'action qui en retour génère de nouvelles séquences de code. C'est la notion cybernéticienne de *feedback* qui emporte avec elle l'ensemble de notre condition, situant le cadre général de l'expérience au sein de mécanismes immédiatement rétroactifs, délaissant progressivement le sensible, le délai réflexif proprement humain, au profit d'un infléchissement quasi instantané des comportements opéré au prisme d'équations algorithmiques.

Une brève focalisation sur la plateforme Amazon permet d'observer le déploiement incessant d'un processus qui associe le traitement à flux tendus de masses de données, qui opèrent aussitôt des effets sur les actes, qui à leur tour produisent d'autres masses de données. Une visite ou une commande en ligne génère trois types d'information. D'abord elle entame un cycle de connaissance enrichi des personnes par la nature de leur consultation, les corrélations effectuées avec les passages précédents sur le même site ou sur d'autres *via* les *cookies* ou « mouchards » implémentés au sein des navigateurs. Ensuite, chaque achat est « pris en main » par des agents immatériels chargés de le traiter au mieux en fonction de la localisation du client et des références disponibles, déclenchant soit un ordre auprès d'un fournisseur, soit une alerte dans un entrepôt identifié, qui occasionnera sur place toute une série d'actions : déplacements des corps dans les espaces, sélection des articles, emballage et envoi des marchandises… Opérations qui enfin généreront divers cycles de renseignements traités à diverses fins : mesure de l'état des stocks, délai et qualité de la livraison, évaluation de performance du personnel, commentaires des clients. Autant d'indications qui définiront en retour l'organisation générale de la logistique matérielle et humaine, à l'intérieur d'une large boucle où les données et les gestes ne cessent de se répondre ou de s'engendrer les uns les autres – mais avec un léger décalage temporel, celui qui autorise le mouvement de l'action.

Ce sont de nombreux champs qui dorénavant s'inscrivent suivant cette logique qui suppose d'étendre la notion de « *data driven* » à l'ensemble de la société, soit la prise de la décision déterminée par la vérité objective issue du traitement de masses informationnelles, sans qu'il soit néanmoins possible d'identifier un « sens temporel ». La distinction usuelle discriminant l'« avant » du « maintenant » se défait, au profit d'un magma continuellement en fusion qui mêle résultats, actions, résultats, comme autant de 0 et de 1 indéfiniment séquencés qui interdisent de statuer une délimitation dans la mesure où ces flux interagissent pour partie à la vitesse de la lumière, et forment une couche « bouillonnante » ou « quantique » qui désormais se substitue à la définition historique et stabilisée du réel. Le processus de numérisation symbolique induisait un nouveau rapport à la représentation, caractérisé par la réduction au pixel de la définition ainsi qu'un régime marqué par l'hybridation, et qui engageait en retour des gestes inédits mais à l'intérieur de champs délimités. La numérisation « post-symbolique » opère un recouvrement intégral qui ne redouble pas seulement les choses, mais institue les données comme l'instance première et primordiale de l'intelligibilité et de l'action, sur fond d'une perpétuelle transformation.

Dans le film *Elysium* (Neill Blomkamp, 2013), dont le récit se situe en 2154, toutes les données d'une station spatiale éponyme habitée par une caste de privilégiés qui ont délaissé une Terre surpeuplée et insalubre, sont provisoirement transportées dans le crâne d'un humain, dont l'accès permettra de réinitialiser les conditions générales d'existence de la contrée artificielle. Métaphore hollywoodienne de la façon dont les flux de code ne se situent plus seulement après les choses, mais structurent et conditionnent de part en part notre rapport au réel. C'est cela qu'aura produit *in fine* le mouvement historique de numérisation, non pas un strict équivalent chiffré, mais l'avènement d'une nouvelle anthropologie déterminée, guidée, « drivée » par des logiques littéralement binaires, qui ordonnent sans ambiguïté ou sous une rationalité apodictique la marche de plus en plus globale du monde.

# II

–

# PUISSANCE ET USAGES DES BIG DATA

– 1

# LE *DATA MARKETING* OU LA FIN DE LA PUBLICITÉ

Jean-Baptiste Say s'est trompé, le marché ne serait pas mû par une « main invisible » qui le fluidifierait comme « naturellement », conformément à sa loi qui affirme en substance que « l'offre crée sa propre demande », ou que « c'est la production qui ouvre des débouchés[1] ». Dans les faits, le renouvellement de produits nécessite tout autant une « main chaude » appelée à faire converger les points d'origine et d'arrivée, par le biais de méthodes appropriées qui se sont développées et affinées depuis la fin du XIXe siècle, et qui plus tard se sont rangées sous une même discipline : le marketing. La « science » qui vise à séduire et à convaincre par de multiples procédés le consommateur de l'acte d'achat a rencontré au cours de son histoire une redéfinition régulière de ses techniques autant que de sa fonction. La réclame nommait il y a plus d'un siècle la pratique qui visait à faire connaître un objet ou une marque, par l'exposition d'une image ou d'un énoncé dans les journaux et les magazines ou par l'affichage urbain. Moyen qui fut ensuite prolongé par la diffusion de messages audio lors de l'apparition de la radio au cours des années 1930, et plus tard par la projection de films promotionnels sur les écrans de cinéma ou de télévision. C'est au cours des années 1970, moment de brusque expansion de la « société de consommation », que s'opéra une densification tous azimuts de l'« *advertising* », particulièrement manifeste durant cette période aux États-Unis.

À partir des années 1980, l'intensification de la pression concurrentielle à échelle devenue globale nécessitait de meilleurs ratios d'efficacité. Impératif qui supposait de délaisser l'adresse indifférenciée pour resserrer le « cadre de l'objectif » en quelque sorte, et identifier des « cibles » plus restreintes mais particulièrement susceptibles d'être sensibles à certains produits. La notion de « tranche » fut privilégiée, entendue comme une segmentation sociodémographique relativement homogène pouvant faire l'objet d'un traitement commun. Stratégie indissociable de la connaissance des comportements, qui conduisit à la multiplication des sondages et des études d'impact ou de marché. Le marketing relève d'une *entreprise sociologique* en acte, mais uniquement intéressée à la pénétration des habitudes en vue de leur stricte exploitation commerciale.

La décennie suivante fut marquée par un fractionnement croissant des sociétés, découvrant la précarité des contrats de travail, l'effritement de la pérennité des situations ou des qualifications professionnelles, la fragilisation des trajectoires personnelles. Une partition rigide des populations devenait inopérante au vu de la mobilité des appartenances et de la volatilité des modes de vie, et s'effaça au profit du concept plus souple de « niche », qui renvoyait à des composés plus granulaires dotés de caractéristiques propres, néanmoins toujours susceptibles d'imploser dans leur unité formelle ou de se distribuer autrement. Mouvement d'atomisation qui s'intensifia et conduisit au tournant du nouveau millénaire à la réduction de la cible à l'échelle élémentaire de l'*individu unique*.

L'universalisation de l'interconnexion à la même période aura offert une occasion rêvée ou idéale de pouvoir tracer sous la plus « chaude proximité » les usages de *chaque* consommateur. C'est prioritairement *via* le *tracking* des navigations, le suivi des achats opérés par cartes de crédit et l'analyse des programmes de fidélisation qu'ont pu être établis des *profils individualisés* continûment évolutifs. Environnement qui a peu à peu substitué à la seule émission de messages l'instauration progressive d'une *relation client* multipliant « au fil de l'eau » les procédés destinés à *sensibiliser* tout *terminal humain* à l'égard de l'« univers global » d'une marque. La *communication personnalisée*, c'est le risque d'une perte qualitative propre au régime publicitaire qui s'amoindrit, au profit d'un exercice de séduction indéfiniment modulé à chaque idiosyncrasie.

Le cœur de l'activité marketing relève désormais d'une entreprise cognitive complexe, fondée sur des techniques abstraites indissociablement adossées à des techniques computationnelles. Discipline en théorie capable de cartographier de près les schémas de vie (*pattern of life*), par la corrélation d'informations de tous ordres permettant de suggérer en retour des offres supposées les plus adaptées. Néanmoins, le paradoxe veut que si l'horizon annoncé semble se dessiner sous des contours nettement identifiés, les pratiques dans les faits – malgré la sophistication croissante des méthodes déployées – demeurent contraintes à une forme de limite technologique ou logistique, qui les empêche de toucher malgré son apparente proximité le Graal tant espéré. Car, la plus grande connaissance du consommateur, son examen établi en temps réel, supposent non seulement la plus large récolte de données relatives à ses gestes au sein de ses propres infrastructures physiques ou numériques, mais davantage encore celles provenant du plus grand nombre possible de sources informationnelles les plus diverses.

Il ne peut revenir à chaque grande entreprise de récolter des masses de données globales, ce qui appellerait dans les faits à déployer une présence tentaculaire accolée à de multiples activités de l'existence. C'est d'abord l'élaboration de procédés de suivi davantage rationalisés qui s'impose : « Le grand défi pour les prochaines années sera d'homogénéiser les données et d'être à même de les intégrer dans des systèmes qui sauront les exploiter. Bien souvent aujourd'hui, le consommateur n'est pas reconnu par une marque lorsqu'il passe d'un canal à un autre ou encore d'un pays à un autre. La vision du client que possède une entreprise est souvent fragmentée et découpée entre plusieurs fichiers ou différents systèmes hétérogènes. Les marques devront avoir demain une vision à 360° du client et personnaliser non seulement les messages, mais le parcours même des consommateurs[2]. » Finalement, le rêve secret du marketing consisterait à collaborer avec la NSA, ou plutôt à pouvoir glaner de toute part autant de renseignements, à disposer de ses supercalculateurs et à épouser ses méthodes de catégorisation et de ciblage des individus. Une « solution alternative » consiste à s'offrir les services de *data brokers*, dont l'activité consiste à collecter sous de multiples formes des données personnelles. La société américaine Acxiom (qui a établi un partenariat avec Facebook) possèderait en moyenne mille cinq cents types d'indications portant sur chacun des sept cents millions d'individus répertoriés sur les cinq continents.

La quête d'une visibilité intégrale passe encore par des plateformes à position dominante qui captent la majorité de l'« économie de l'attention » et analysent des volumes astronomiques d'informations, dont certains des résultats peuvent être transférés à leurs clients. Google, Facebook, Twitter, Apple, Amazon ou Microsoft, représentent les interfaces indispensables à la réalisation de l'aspiration marketing actuelle, grâce à la profondeur de connaissance dont elles disposent. Entreprises équipées de puissants systèmes capables de fouiller dans de gigantesques agrégats de données structurées et non structurées (achats, préférences, commentaires, recommandations…) à l'aide notamment de logiciels *open source* tels Hadoop ou MapReduce, qui opèrent des « traitements massivement parallèles » révélant de nombreuses caractéristiques comportementales. Systèmes qui permettent encore l'élaboration d'outils de « *social media analytics*» tels Google Analytics, Smarter Analytics (IBM), ou Facebook Wisemetrics, qui exposent des « graphes sociaux », soit la nature des relations entre les personnes autant que celle de leurs échanges.

Néanmoins, ces procédés se nourrissent de flux somme toute partiels et fragmentés. Google, figure quasi monopolistique, a su développer un savoir d'ordre panoptique basé sur une myriade de sources informationnelles, croisé à une science hautement perfectionnée de l'indexation. L'entreprise dispose de toutes les « armes » rêvées par le marketeur contemporain : gigantesques bases de données (actes ou intentions d'achats, intérêts, habitudes, déplacements...), constituées *via* les requêtes formulées sur le moteur de recherche, le scan des contenus échangés sur le service de messagerie Gmail, la consultation de la plateforme vidéo YouTube, l'utilisation du navigateur Chrome, les protocoles de cartographie géolocalisée ou encore le système d'exploitation Android qui témoigne de l'usage des applications. Composé non exhaustif appelé à s'enrichir considérablement grâce aux Google Glass, qui pourront à terme capter dans leur continuité de larges séquences de vie. C'est au titre de cette forme d'omniscience que le fantasme du marketing consisterait à faire corps avec Google, à profiter sans distance de sa puissance hégémonique.

La pénétration sans cesse approfondie des comportements suppose qu'au régime publicitaire historique, fondé sur la *publication*, se substitue peu à peu l'avènement de la « relation client » ultra-personnalisée et indéfiniment évolutive, qui dans les faits réalise une aspiration qui remonte à plus d'un siècle : « À la fin du XIXe siècle, nombre d'entreprises se lancèrent dans la promotion nationale de leur marque, grâce à une publicité massive. [...] Tout leur effort visait à se démarquer de la vente en vrac, *via* l'articulation consciencieuse de la publicité, de la marque et de l'emballage. Ces trois dispositifs fonctionnaient comme autant de stratégies complémentaires destinées à contourner les intermédiaires. Grâce à eux, le fabricant parvenait à toucher directement le client, par-dessus la tête du grossiste ou de l'épicier. Clairement, l'objectif était d'instaurer une relation directe entre l'offre et la demande, et donc de mettre au pas les intermédiaires récalcitrants[3]. »

Mais il arrive que des rêves éveillés conduisent à des situations cauchemardesques, car c'est précisément cet achèvement qui à terme fera disparaître non pas tant les intermédiaires que la discipline même du marketing, autant que ses « unités de chair », par le fait d'une *automatisation* de l'ensemble des processus, à l'instar de la gestion robotisée des bannières sponsorisées de Google qui ont mis nombre d'exécutants humains à l'index. Configuration en devenir qui rend inutile la conception de stratégies différenciées et évolutives, pour un accompagnement permanent des existences par des agents numériques *collant* à leur intimité et chargés d'administrer « au mieux » les besoins et les désirs. Le « *data*- ou post-marketing » cherche à définitivement dissoudre l'écart séparant l'offre de sa réception ; c'est cela la nouvelle dimension prise par la rationalité contemporaine : l'évitement de toute *déviation* ou de tout *différend*, pour une « adéquation algorithmique harmonieuse » perpétuellement relancée. Ce qui est nommé *neuromarketing*, soit l'interprétation de certains processus cérébraux témoignant de la sensibilité à des produits ou de l'intention d'achat, ne fera qu'amplifier ce mouvement d'*ajustement* toujours plus concordant ou d'infiltration sans frein des consciences. Le monde économique abolit peu à peu la friction, lubrifie sans fin les jointures articulant les processus, à l'exemple de logiques adoptées dans les secteurs de l'industrie et de la logistique, qui cherchent à atténuer tout délai entre les différentes phases, les tenant telles des composantes organiques appartenant à un seul corps commun, appelées idéalement à se mouvoir d'après la suprême vitesse et la fluidité éthérée à l'œuvre dans les réseaux.

## — 2
# UNE LOGISTIQUE DÉLIVRÉE DE LA PESANTEUR

Le projet moderne d'optimisation des processus de production renvoie à une recherche constante et persévérante visant la réduction maximale des coûts, la moindre inertie entre chacune des étapes à l'œuvre et le plus rapide écoulement des stocks. C'est toute une histoire de l'entreprise qui peut être retracée sous l'aspiration plus ou moins contrariée à atteindre ces trois objectifs. Principe général que Charles Babbage définira, que Frederick Taylor conceptualisera et qu'Henry Ford formalisera. Les grandes usines de la première partie du XXe siècle, faites d'impressionnantes infrastructures, imposaient des procédés de fabrication standardisés qui favorisaient un *ordre rationalisé* des espaces de travail, de la répartition des ouvriers et de la gestion logistique : « La technique intègre la machine à la société, la rend sociale et sociable. Elle lui construit également le monde qui lui était indispensable, elle met de l'ordre là où le choc incohérent de bielles avait accumulé des ruines. Elle clarifie, range et rationalise : elle fait dans les domaines abstraits ce que la machine a fait dans le domaine du travail. Elle est efficace et porte partout la loi de l'efficacité[4]. »

L'historien Arnold Toynbee (1852-1883) affirmait à la fin du XIXe siècle que l'histoire se divisait en trois périodes. La modernité aurait correspondu à l'ère de l'*organisation*, soit la conception de méthodes élaborées catégorisant des secteurs spatiaux et des séquences temporelles distinctives, aptes à maximiser par leur juste ordonnancement les conditions générales de la vie économique et sociale : « L'organisation est le processus qui consiste à assigner des tâches à des individus ou à des groupes afin d'atteindre d'une façon efficiente et économique, par la coordination et la combinaison de *toutes* leurs activités, des objectifs déterminés[5]. » Constat plus tard prolongé par James Burnham, qui analysa la bureaucratisation croissante des sociétés soumises à des procédés d'organisation standardisée dans son ouvrage *The Managerial Revolution* publié en 1941, qui exerça une influence sur George Orwell et inspira son livre *1984*.

L'usage de machines-outils toujours plus performantes, associé à une disposition savante des personnes le long des différents postes de travail en vue d'atteindre la meilleure productivité caractérise l'industrie de l'après-guerre, suivant des logiques de technicisation et de parcellisation des tâches qui ont peu à peu gagné d'autres secteurs d'activité au cours des décennies suivantes. L'informatisation et l'introduction de robots dans les chaînes de production à partir des années 1980 ont rendu possible la réalisation progressive de cette ambition à administrer sous les *meilleurs ratios* la marche des entreprises, grâce à une reprise automatisée et répétitive de certains processus. L'universalisation de l'interconnexion et l'usage de protocoles électroniques de « gestion de projets » durant les années 1990 et 2000 ont contribué à harmoniser les liens entre les unités internes, autant que les relations entre entreprises (*business to business*). Architecture organisationnelle rendue davantage structurée et réactive par l'intégration d'interfaces numériques autorisant un contrôle suivi et précis des différentes opérations.

En cette deuxième décennie du XXIe siècle, l'implémentation de « systèmes intelligents » permet de répondre suivant un nouveau seuil d'efficacité à ces réquisits, de leur offrir une sorte d'accomplissement parfaitement idoine. Si les quotients de productivité ont peu à peu atteint des seuils optimaux, c'est le domaine de la logistique qui aujourd'hui profite prioritairement de ce mouvement de fluidification, pouvant enfin se défaire de sa pesanteur constitutive, que l'invention du conteneur par Malcom McLean au début des années 1950 avait déjà contribué à considérablement alléger[6]. Innovation qui réduisit le nombre de phases nécessaires à la circulation des marchandises et qui concourut au mouvement de globalisation des échanges, sans pour autant résoudre le problème complexe et décisif consistant à accorder autant que possible le rythme de la production à celui de la demande. Le traitement sophistiqué de masses de données provenant de l'ensemble des chaînons impliqués résout pour large partie cette équation, grâce à l'évaluation simultanée des processus en cours, des disponibilités et des besoins présents ou à venir. Émergence d'une *feedback economy*, fondée sur de continuelles itérations qui modulent en temps réel l'intervention de tous les partenaires d'après de multiples critères. Trois multinationales, parmi d'autres, représentent les cas les plus emblématiques de cette capacité récemment acquise à *orchestrer* à flux tendus les conditions de leur fonctionnement, autant que leurs relations aux sous-traitants et à l'état général du marché : Amazon, Walmart et Zara.

Amazon décide de la constitution de ses entrepôts autant en fonction des achats des clients déclenchant des mouvements de stocks ou des commandes automatisées auprès des fournisseurs que par des algorithmes prédictifs relatifs à des projections de vente portant sur chaque produit. Le principe à l'œuvre ne renvoie plus à la liquidité du conteneur voguant sur les océans le temps d'une traversée, mais à celui qui régit la fluidité du Web mû par des interactions s'enchaînant à la vitesse de la lumière et par la prise en charge robotisée des ordres. Inditex, maison-mère de la marque Zara, collecte auprès de son large réseau de boutiques les chiffres d'achats, autorisant une mesure permanente de l'écoulement des références. Tableau de bord qui favorise une production évitant toute accumulation, ainsi qu'une appréciation anticipée des tendances, permettant de concevoir et de diffuser un nouvel article en quelques semaines, suivant une cadence bien supérieure à celle généralement à l'œuvre dans le secteur. Walmart récolte des masses de données provenant des caisses enregistreuses reliées à sa chaîne logistique. Ses fournisseurs disposent d'un accès direct à son système Retail Link, qui saisit à la source les nécessités de réapprovisionnement, sans que l'enseigne ne formule de commande explicite, répondant ainsi sans délai et de façon continûment réactive aux besoins du géant de la distribution.

Les unités de fabrication sont désormais conçues tels des corps organiques interreliés, accordés par un « cerveau » imperceptible chargé de suivre et d'harmoniser en temps réel la marche générale et particulière des différents « *process* ». C'est l'avènement de la « *connected factory* », usine globale multi-localisée de part en part structurée et régulée par la mise en réseau dynamique d'informations émises par l'ensemble des maillons : équipes, machines-outils, sous-traitants, transporteurs… Architecture notamment rendue possible grâce aux données transmises par les capteurs disposés sur les chaînes de conception et de production, ou par les « *self-reporting machines* » qui témoignent de leur cadence autant que d'éventuelles déficiences avérées ou imminentes. « Avec les usines intelligentes et connectées, nous sommes en train de vivre un changement de paradigme aussi important que celui de la chaîne de production d'Henry Ford, avertit Stephan Biller, directeur scientifique de la recherche chez General Electric pour les technologies manufacturières. L'information en temps réel va révolutionner l'industrie manufacturière, dans tous les secteurs[7]. »

Émergence d'un « *data-driven manufacturing* », soit un environnement industriel au sein duquel l'administration du personnel et de l'appareillage se trouve de plus en plus soumise à des équations algorithmiques visant la plus haute optimisation et flexibilité. Acmé de l'aspiration moderne à l'*organisation* identifiée par Toynbee à la fin du XIX^e siècle, qui plus d'un siècle plus tard trouve les conditions de sa pleine réalisation par le fait d'une automatisation croissante non plus des seuls processus de production entamée à l'aube des années 1980, mais plus largement des *protocoles d'ingénierie organisationnelle*. Agencement appelé à terme à adosser toute action humaine à un « système d'exploitation » mû par l'habileté hyper-réactive et inflexible de l'intelligence artificielle, distribuant toute opération au cas par cas et en temps réel suivant les circonstances présentes ou anticipées.

Nous quittons l'ère de la *modernité liquide* telle qu'énoncée par Zygmunt Bauman[8], pour nous hasarder dans une nouvelle séquence, non plus marquée par le régime hydraulique qui supposait encore des transferts et des différentiels de forces, mais peu à peu libérée de tout principe de résistance. Passage à une vie délivrée de la pesanteur, du « bruit », des conflits inhérents au monde industriel, par la grâce d'un ajustement robotisé de chaque occurrence spatiotemporelle. *Ethos* qui aspire à ce que toute structuration organisationnelle humaine et matérielle se *calque* sur la fluidité informationnelle à l'œuvre dans Internet. À l'instar de ce qui actuellement se constitue au sein de nos surfaces urbaines, sous le terme de *smart cities*, qui voit le réel non plus se « cogner » à nous, mais se *moduler* sans fin au cours de nos existences, d'après une rigueur d'inspiration mathématique, à l'apparence néanmoins aérienne, éthérée ou quasi féérique.

## —3
# *SMART CITIES*: LA VILLE AU FILTRE ALGORITHMIQUE

La notion de *smart city,* ou de « ville intelligente », est apparue vers le milieu de la première décennie du XXI^e siècle. Elle a correspondu, à l'instar de l'« Internet des objets », à un moment de la brève histoire du numérique qui aurait alors saisi que l'interconnexion globale était appelée, à terme, à déborder le seul cadre des ordinateurs pour s'étendre aux surfaces physiques et aux choses. L'une comme l'autre ont d'abord relevé d'un discours. Le paradigme aujourd'hui ne renvoie pas à une réalité pleinement effective et nettement circonscrite dans ses définitions, mais à un mouvement qui peu à peu expérimente, initiant ici et là de nombreux projets sans garantie *a priori* de leur « pertinence » ou de leur viabilité. La *smart city* relève d'une croyance qui, par les vertus qui lui sont affectées, supposées offrir une expérience facilitée de la ville, une fluidification de ses flux et une plus haute sécurisation générale, a gagné peu à peu en force de conviction, alors que l'aventure ne se situe qu'à ses prémices. Impulsion qui prend sa source dans les laboratoires de recherche qui ont su, par l'ampleur du marché potentiel annoncé, trouver un relais auprès de forces économiques qui elles-mêmes ont rencontré un accueil souvent favorable de la part des responsables politiques, tôt convaincus que l'imprégnation tous azimuts de « couches d'intelligence » contribuerait à ériger un *ethos* social davantage productif et « harmonisé », grâce à un surcroît d'efficacité, une « participation citoyenne » renforcée et une mixité accrue jugée bienvenue entre puissances publique et privée.

Désormais, c'est à une sorte de course ou de compétition à laquelle se livrent les grandes métropoles de la planète, pour se situer aux avant-postes de la mise en œuvre concrète de ce modèle à haute valeur symbolique ajoutée. New York, Londres, Paris, Sao Paulo, Tokyo, Shanghai, rivalisent à revêtir l'image de pôles créatifs aptes à attirer capitaux, entreprises et personnes qualifiées, marquant un nouveau seuil de concurrence entre «villes globales», conformément à une intensification des logiques de «*city branding*» précisément décrites par Saskia Sassen[9]. Au contraire de cités au long passé historique, New Songdo City (Corée du Sud) représente l'exemple extrême d'un projet urbain conçu *ex nihilo*, établi sur le principe théorique d'une mise en réseau dynamique de l'ensemble de ses corps organiques ou matériels. Initiative majoritairement menée par des consortiums privés, qui arguent de sa valeur au nom de la «durabilité» des structures et de leurs prétendues propriétés écologiques, alors qu'elle correspond prioritairement à l'édification de gigantesques programmes immobiliers ou de zones résidentielles luxueuses s'apparentant à des *gated communities*, à l'instar de celles construites à Masdar City (Abu Dhabi).

Le primat de la ville dite «intelligente» s'institue sur le constat que la quasi-totalité de ses résidants, infrastructures et services ne cessent de générer des volumes astronomiques de *data*, devant dans le même mouvement être exploités en vue de conduire à de «meilleurs» ou de nouveaux usages. Le principe est indissociable de cinq dispositifs: 1/ une architecture réseau fiable (câbles en fibre optique, antennes téléphoniques 3/4/5G, points de connexion Wi-Fi); 2/ capteurs partout disséminés récoltant et transmettant toutes sortes d'informations; 3/ serveurs et systèmes traitant les flux de données; 4/ smartphones *géolocalisés* munis de leurs applications, à l'aide desquelles se consultent ou s'utilisent la plupart des fonctionnalités; 5/ protocoles de «réalité augmentée», offrant un «enrichissement» contextualisé relativement aux surfaces physiques ou aux indications perçues.

Une large part de l'organisation urbaine est appelée à se constituer en temps réel, principalement *via* des procédés automatisés de collecte de données et de régulation des situations : ajustement des réseaux de transport en fonction des besoins ou de la météo ; tarifs modulés selon la fréquentation ; feux de signalisation accordés aux flux de circulation ; production et distribution énergétiques fixées suivant la demande et les disponibilités du moment… C'est encore le « métabolisme » de la ville qui se manifeste sous de nombreuses dimensions, autant à l'attention de ses multiples organismes – autorisant une forme de pilotage « à vue » des infrastructures –, qu'à celle de ses habitants, exposant ses états évolutifs ainsi que les conditions d'accès plus ou moins personnalisées à ses différents services. Configuration générale qui offre en outre la possibilité aux citadins de « faire remonter » toutes sortes de renseignements, afin de favoriser une administration davantage « horizontalisée » et « participative » : signalement d'un accident, de caniveaux bouchés, d'un éclairage ou de matériel défectueux, de nids-de-poule sur la chaussée grâce à des applications dédiées supposées déclencher dans des délais plus ou moins brefs l'intervention des unités concernées.

Environnement qui se bâtit sur le fonds idéologique de la nécessité de rompre toute séparation jugée infructueuse entre les instances décisionnelles et les citoyens, estimant qu'un partage mutualisé et dynamique des informations est susceptible de réaliser cette aspiration, sans que ne soit manifestement saisi que ce sont de *nouveaux intermédiaires* qui prioritairement les *exploitent*. Car, au-delà de tous les discours vantant l'avènement d'une ville partout « fonctionnelle et fluide », le cœur de ce mouvement est principalement mû par des intérêts strictement commerciaux. C'est par un *rangement* systématique à des logiques de profit économique réalisé par des protocoles électroniques *homogénéisés* que s'opère *in fine* et sans allure spectaculaire une gigantesque opération de privatisation de l'espace urbain – mais sous des modalités inédites.

De nombreuses villes de la planète se sont engagées depuis les années 1980 dans des processus d'intensification de la vocation marchande de leurs espaces, sensibles dans l'aménagement de voies piétonnes majoritairement scandées d'enseignes franchisées ou dans la prolifération urbaine ou périurbaine de vastes centres commerciaux. *Shopping malls*, dont les États-Unis représentèrent dès l'après-guerre une « terre pionnière », qui ensuite s'étendirent à l'Europe et qui, à partir des années 1990, se multiplièrent dans les pays dits « émergents », particulièrement au cœur de l'urbanité asiatique et de celle des pays du Golfe, devenant les foyers principaux de vie et de sociabilité, illuminés par la flamboyante symbolique des marques. L'aéroport contemporain représenterait le cas de figure le plus extrême de la transformation en zone commerciale de la quasi-intégralité de ses surfaces, procédant en outre à des transferts de charges régaliennes à des sociétés privées, telles certaines fonctions liées à la sécurité par exemple.

Un entrelacement appelé à devenir indiscernable se constitue entre domaines public et privé, *via* des *schémas et applications similaires* établis sur l'*adéquation spatiotemporelle individualisée*. C'est le processus historique situé au fondement des villes modernes, ayant favorisé la proximité entre entités publiques et commerciales, qui se trouve brusquement radicalisé par le fait d'un *alignement* établi sur des structures et des cadres formels semblables. Désormais le monde désintéressé de la *res publica* et celui éminemment intéressé du monde économique se *confondent* au sein de mêmes dispositifs techniques unifiés, destinés à *distribuer* d'après la plus haute efficacité fonctionnelle et productive l'ensemble des forces humaines et matérielles. À l'instar du protocole implémenté par IBM sur commande du zoo municipal de Cincinnati, qui permet de suivre la totalité des visiteurs à la trace et d'adapter l'offre et les animations en fonction de la densité des publics et de leurs parcours, qui a notamment permis d'augmenter de vingt-cinq pour cent la vente de produits au sein de l'enceinte. Quelle que soit l'attention portée au souci cardinal de fluidification des flux et des espaces, l'aspiration vise l'exploitation commerciale la plus soutenue. C'est cela la nouvelle ère de la marchandisation de la ville contemporaine : une connaissance sans cesse approfondie et *partagée* des comportements par les régimes public et privé, qui *conjointement* et *tacitement* favorise la *rencontre appropriée* entre le *citoyen-consommateur* et toute offre jugée pertinente. Modification d'allure assez imperceptible, mais qui transforme de part en part non pas tant la forme de la ville que les relations entretenues à toutes ses virtualités, instruites par l'ajustement robotisé – à visée prioritairement lucrative – procédé au cas par cas et en temps réel.

Disney a implémenté un système nommé MyMagic+ dans son parc à thème d'Orlando en Floride, qui équipe les visiteurs de bracelets connectés à l'effigie de Mickey Mouse, dont les localisations et trajets sont visibles sur des diagrammes, permettant de moduler à flux tendus les différentes attractions ou la composition des unités de personnel en fonction des taux de densité présents ou projetés. Dispositif qui conduit en outre à accueillir chaque client sur les différents secteurs ou points de vente par l'usage de son prénom. On peut parier sans risque que la configuration générale mise en place par Disney correspond dans l'esprit et dans les faits à celle vouée à terme à imprégner la condition urbaine, fondée sur le principe invariable de la *personnalisation*, de l'*interaction ludique* et de la recherche constante du *plus grand nombre de transactions* opérées au cours de chaque occurrence spatiotemporelle. La dynamique sociale se trouve médiatisée par des systèmes conçus pour éviter toute perte et obtenir un surcroît de gain, conformément au processus de rationalisation croissant et insensible qui inspire la « ville intelligente mise au service de ses habitants ». Ce n'est pas que le pouvoir d'un maire ou d'un conseil municipal s'amoindrit, c'est que les schémas qui peu à peu structurent les métropoles, quelles que soient les orientations politiques, sont soumis aux mêmes visées d'*optimisation algorithmique* de toute circonstance de la vie individuelle et collective.

Les fonctionnalités se cantonnent pour l'heure à proposer des applications spécifiques généralement non reliées les unes aux autres. L'objectif dans un proche avenir consistera à multiplier les services et à faire en sorte que la majorité d'entre eux soient interconnectés, chacun générant des informations susceptibles d'enrichir les autres, alimentant une large architecture automatisée capable d'interpréter la quasi-totalité des situations et de *réagir* instantanément[10]. La *smart city*, c'est le rêve de réduire la multiplicité constitutive de la ville à un organe homogénéisé *autorégulé*, à un plan indifférencié de calculs traités pour répondre *de concert* et suivant des intérêts définis aux aspirations « naturelles » de tous ses membres. C'est la métaphore d'une « ville biologique », envisagée comme un métabolisme vivant « persévérant continuellement dans son être » qui insidieusement s'impose, supposant qu'au-delà de toute instance décisionnelle ou des libres choix des individus, la nature ne cherche qu'à réaliser « d'elle-même » les conditions de son « meilleur développement ». Avènement d'une *organicité* de la technique et des modes d'action qui induit une *naturalisation* collatérale et intériorisée des logiques qui peu à peu règlent ou dictent les conditions générales et particulières de nos existences.

# –4
# UNE MÉDECINE DES DONNÉES

La physiologie, l'étude et la compréhension du fonctionnement interne de l'organisme humain, renvoyait dans l'Antiquité grecque davantage à des modalités intuitives inspirées d'analogies métaphoriques qu'à une discipline rigoureusement constituée. Les écrits lacunaires d'Hippocrate témoignent d'une volonté de fonder une pratique constituée, chargée de définir les conditions présidant à la santé et à la maladie, ainsi que le cadre de son exercice, devant notamment se montrer respectueuse de l'intégrité des personnes. Position qui relevait essentiellement d'un discours philosophique plutôt que d'une recherche scientifique expérimentale validée par une vérification systématique des faits. Michel Foucault avait mentionné l'origine onirique de l'institution médicale[11], car l'objet même d'un savoir objectif – le corps – était frappé durant de longs siècles par l'interdit moral ou religieux proscrivant l'art de la dissection.

André Vésale, au cours de la première partie du XVIe siècle, s'affranchit des peurs et des tabous, s'aventurant dès son adolescence à subtiliser les cadavres de suppliciés sur le Galgenberg – le mont des potences de Bruxelles – pour inspecter les membres et tissus dissimulés dans les profondeurs de la chair inerte. L'extraordinaire événement épistémologique et esthétique que représente *De humani corporis fabrica* (1543), son maître-ouvrage illustré de planches graphiques réalisées par Jean Calcar, constitue un recueil d'anatomie qui expose une topographie des organes, leur fonction spécifique, ainsi que la biomécanique de leur relation. Jusque-là, malgré des expériences éparses, le « monde sous-cutané » relevait de l'inconnu ou de la plus familière étrangeté, signalant dans son épaisseur mystérieuse et défendue la distance irréductible qui devait être maintenue avec soi, dont seul Dieu détenait une connaissance intégrale. Sa propre morphologie attestait de l'énigme imposée par la structure réglée mais en large partie *impénétrable* du réel.

*La Leçon d'anatomie* de Rembrandt (1632) témoigne au siècle suivant de l'émergence académique de cette pratique, exposant à l'intérieur d'une pièce close un maître doctoral procédant à sa leçon, néanmoins soumise à la menace extérieure sensible dans le regard inquiet des protagonistes de la scène. Si la dissection a rendu possible une cartographie détaillée des organes ainsi que la compréhension progressive de leur fonction, c'est avec l'avènement de la biologie comme discipline spécifique au tournant du XIXe siècle qu'un nouveau seuil de connaissance du corps humain sera atteint, cette fois-ci non plus par la figuration de ses constituants jusque-là masqués, mais par l'analyse encore ignorée de la composition de ses substances. En 1895, la vision proprement inouïe de la main radiographiée d'Anna Bertha Röntgen, l'épouse du découvreur des rayons X, Wilhelm Röntgen, marque une date qui inaugure un nouveau type de visibilité ou de pénétration hautement technicisé de l'organisme sans recourir à l'instrument élémentaire du scalpel, et qui sera bien plus tard prolongé par l'échographie, l'imagerie par résonnance magnétique (IRM), le scanner ou la modélisation 3D. Ce sont des *paliers de savoir* progressivement franchis qui ont fondé la science médicale moderne, et qui ont dans les faits autorisé l'établissement de *diagnostics* toujours plus informés et précis.

Ce qui usuellement conduit à un examen plus ou moins approfondi, c'est qu'il est entrepris lors de l'apparition des premiers symptômes d'une pathologie, ou à l'occasion de contrôles réguliers que la médecine du XXe siècle aura incité à systématiser le long des différentes étapes de l'existence. C'est cette observation intermittente que brise la médecine du début du XXIe siècle

– celle des données – au profit d'une *continuelle évaluation*. Car ce qui se trame avec ce composé en cours de formation, c'est le franchissement d'un nouveau *seuil cognitif* – particulièrement favorisé par les développements de la bio-informatique – qui produit cinq déplacements majeurs.

C'est d'abord un *suivi* continu de la condition physiologique qui s'opère, *via* les capteurs posés à même la peau induisant un témoignage à flux tendus de ses états. C'est encore une *hyper-individualisation* des traitements, grâce à une connaissance approfondie des pathologies et au séquençage du génome rapporté à la singularité de chaque patient, conduisant à l'élaboration de thérapies toujours plus *adaptées* et précisément *ciblées*. C'est une *médecine génétique prédictive* qui émerge, qui, par des procédés complexes de traitement informationnel statistique, délaisse progressivement l'exercice curatif pour privilégier l'adoption de conduites hygiéniques ou de stratégies thérapeutiques destinées à prévenir en amont l'éclosion d'affections annoncées. C'est une *contextualisation* à échelle globale qui s'établit, par le fait d'une mise en réseau mutualisée des informations qui autorise une appréhension étendue et spécifiée des phénomènes. C'est enfin un *diagnostic automatisé* qui peu à peu se constitue, *via* des systèmes composés d'algorithmes *ad hoc* agrégés aux dossiers individualisés et alimentés par un savoir multisources sans cesse plus documenté et constamment évolutif.

Les oscillations du corps sont interceptées de façon privilégiée *via* les smartphones et autres montres ou bracelets connectés équipés de capteurs, qui mesurent la température, la tension, le taux de diabète, le degré d'hydratation, la qualité du sommeil, autant d'informations susceptibles d'être analysées en temps réel par des médecins traitants ou des unités médicales. Quelques exemples emblématiques témoignent de ce mouvement expansif de mise au point de protocoles apposés à même la peau. La montre Oxitone[12] évalue le niveau d'oxygène sanguin ainsi que la fréquence cardiaque, dont les indications croisées peuvent témoigner de l'imminence d'infarctus, et émet des alertes en cas de résultats critiques. L'entreprise canadienne OMsignal[13] développe des tee-shirts et gilets « intelligents » qui transmettent des informations relatives au pouls et à la respiration. La peluche « Teddy The Guardian[14] », pourvue de différents capteurs, saisit une série de mesures auprès de l'enfant : température, saturation d'oxygène, niveau de stress. Types d'objets appelés à se multiplier et à être relayés par des implants incorporés au sein des tissus biologiques, conduisant à terme à une évaluation permanente et « sans rupture de faisceau » de la physiologie humaine[15].

Dispositifs indissociables des applications ne cessant de proliférer, qui informent à l'égard des états, de leur évolution, suggèrent des consultations ou diffusent des alarmes, inaugurant l'ère d'un *corps connecté* dont les variations sont publiées et examinées autant par les personnes elles-mêmes que par de multiples instances. Renseignements émis par des millions d'individus adjoints à ceux récoltés par les cabinets médicaux, les hôpitaux, les pharmacies, qui dressent un panorama dynamique de la santé mondiale, d'après un large spectre qui comprend notamment la localisation et les taux de densité des pathologies, les données épidémiologiques, les cadences de progression, ou encore l'efficacité ou les effets secondaires des médicaments. Foisonnement informationnel qui favorise la conception de systèmes d'assistance automatisés, à l'instar du protocole Watson, développé par IBM, qui procède en fonction de mots clés à une synthèse de la totalité des articles scientifiques en rapport mis en ligne. Programme qui a par exemple analysé mille cinq cents cas de cancers du poumon, tant à partir de dossiers médicaux que de millions de publications, ou qui grâce à ses capacités autoentreprenantes peut encore suggérer des traitements personnalisés par le suivi régulier des données d'un patient, recoupé à une connaissance évolutive de l'efficacité des thérapies.

La médecine du XXIe siècle s'institue prioritairement comme une *science de l'information*, qui prolonge et radicalise le processus historique d'acquisitions et de consignations successives de connaissances pour s'ériger dans son fondement telle une *base de données* indéfiniment expansive et aisément exploitable. Ce n'est pas tant que le savoir thérapeutique progresse subitement, c'est que ne cesse de se produire une accumulation d'indications de tous ordres, qui détermine un nouveau régime cognitif et de nouvelles pratiques. Jusqu'à récemment, le domaine médical était composé d'une chaîne de compétences distinctes qui s'emboîtaient entre elles sans se confondre, formée en premier lieu des médecins et des hôpitaux, ensuite des industries pharmaceutiques et de fabricants de matériel professionnel et en dernier lieu du champ paramédical, produits ou instituts de cure et de bien-être. Désormais, une *prolifération* d'acteurs vient s'*agréger*, principalement constituée de concepteurs de protocoles connectés et d'applications dites de « santé mobile », qui brisent la « complémentarité naturelle » historique pour instaurer un morcellement ou une discontinuité qui se manifestent sous diverses formes.

Les individus n'éprouvent plus la nécessité de systématiquement consulter lors de l'apparition des premiers symptômes, pouvant se rendre sur des plateformes dédiées bruissant d'interlocuteurs anonymes et procèdent, le cas échéant, à de l'automédicamentation en quelque sorte « subrepticement prescrite » par des entités qui s'érigent telles des officines pharmaceutiques, récoltant dans le même mouvement des masses de renseignements de nature souvent confidentielle. En outre, une « contamination » à des champs extra-médicaux s'opère : une application reliée à une paire de chaussures de sport peut, en fonction de résultats, suggérer des compléments alimentaires ou un séjour de repos, ou informer une compagnie d'assurance ou un cabinet de recrutement. La connaissance des états physiologiques, tenue au sceau du secret conformément au serment d'Hippocrate, glisse pour large partie en un champ de données *ouvertement partagé*, exploité par une multiplicité d'instances dans l'objectif prioritaire de monnayer des biens et des services ou d'instruire des décisions de tous ordres.

C'est une pénétration sans cesse approfondie dans l'intimité des personnes associée à une extension corrélative de la marchandisation de la santé qui s'effectue. C'est cette vérité qu'il faut saisir, au-delà ou en deçà des supposés vertus ou avantages, dans leurs *incidences collatérales* ou *effets secondaires*. C'est encore un renversement du principe historique humaniste de la *curation* qui s'opère, jusque-là limitée à un *soin* plus ou moins épisodique, désormais appelée à être continuellement assurée par des programmes qui *agissent* sur les conduites au prisme de critères participant d'une « utopie de la santé parfaite », selon les termes de Lucien Sfez[16]. C'est le passage du biopolitique – entendu comme une forme d'exercice du pouvoir portant sur la préservation de la vie des populations –, vers un BIO-HYGIÉNISME ALGORITHMIQUE qui s'instaure, déterminant les comportements *via* des systèmes hautement lucratifs à la fois *normés* et *personnalisés*, qui dans les faits poussent à une *gestion performancielle de soi*. Infléchissement prégnant et non dit du rapport au corps, qui concourt pour la « bonne cause » à ériger une visibilité globale et granulaire des états physiologiques et psychologiques individuels, soutenant « par la base » le mouvement d'optimisation économique et de rationalisation croissante des sociétés.

## — 5

# MAISON CONNECTÉE / ENSEIGNEMENTS EN LIGNE…

Il faut revoir les vignettes publicitaires ou les photographies qui, à partir des années 1950, exposaient dans les journaux et magazines américains un nouveau type de cuisine entièrement dédié au confort de la « ménagère ». Ce qui marquait dans la conception générale, c'est l'apparition d'un environnement fondé sur la plus haute intégration et fluidité à l'œuvre entre les divers éléments. C'est l'idéal d'un ensemble à la fois compact et fonctionnel qui s'affirme alors. Toute unité se trouve située à portée de main et à sa juste place. Le réfrigérateur autorise la conservation de produits frais sans s'embarrasser d'un stockage à la cave. La cuisinière offre plusieurs points et niveaux de cuisson, ainsi qu'un four incorporé. Une hotte disposée au niveau supérieur évitera toute dispersion des graisses. De nombreux tiroirs permettent de ranger la vaisselle ainsi que les différents ustensiles. Les murs servent à accrocher les accessoires dont on se servira souvent. Une poubelle jointe à un placard s'ouvre d'elle-même. L'épouse peut enfiler son tablier accroché à une porte, pendant que dans la pièce d'à côté le mari lit son journal après une journée de travail et qu'un des enfants complète un puzzle à même le sol. Si cette iconographie sans aspérité a autant fasciné l'Europe de l'après-guerre, et plus largement le monde, c'est que s'exposait un *ethos* domestique érigé sur la meilleure économie des gestes déployés à l'intérieur d'un milieu fait de commodité et de confort. C'est cet imaginaire qu'exalte Jacques Tati dans *Mon Oncle* (1958), le faisant déborder du strict cadre de la cuisine pour l'étendre à la maison tout entière, de surcroît pourvue de systèmes automatiques : « tout communique » affirme avec joie et enthousiasme la « maîtresse de maison » à ses hôtes.

L'habitat moderniste aspire à la plus haute facilité d'usage et à une circulation fluide entre chacune de ses composantes. Cette ambition a imprégné une large partie de la pensée architecturale depuis près d'un siècle et inspire le paradigme de la *maison connectée*, qui la prolonge et l'exalte par le fait de trois dimensions majeures et inédites. D'abord, par la faculté d'agir à distance sur certaines de ses fonctions, prioritairement *via* des applications dédiées sur smartphones, à l'exemple du thermostat connecté Nest[17] qui autorise le réglage de la température du domicile. Ensuite, par l'implantation de dispositifs communicants qui témoignent de son « métabolisme » général, permettant d'offrir en retour des produits ou des services adaptés à chaque conjoncture spatiotemporelle. Que ce soit le réfrigérateur, dont les articles sont équipés de puces mesurant l'état des stocks et dont le renouvellement peut être automatisé, ou la balance et la télévision connectées ; autant de mécanismes qui conduisent à la suggestion de conseils ou d'offres ajustés au rythme intime et quotidien. Enfin, la demeure est positionnée comme un maillon disposé au sein d'une large boucle, qui signale en temps réel sa consommation énergétique à des systèmes robotisés de régulation de la distribution, ou qui encore se dresse telle une mini-unité de production électrique dotée de dispositifs *ad hoc*, capable de fournir des kilowatts suivant ses disponibilités croisées aux besoins globaux, conformément à la logique du *smart grid*[18].

L'habitat en devenir s'institue comme un ensemble qui « exprime » l'état de son fonctionnement et de ses usages, autant à l'attention de ses membres qu'à celle de multiples instances tierces. Historiquement, la maison en Occident – particulièrement à partir de la modernité renaissante – fut envisagée comme le foyer de l'intimité à laquelle tout citoyen avait droit, manifeste dans l'*habeas corpus* qui affirmait au cours du XVIIe siècle anglais que les forces royales ne pouvaient s'introduire à l'intérieur d'un domicile sans l'autorisation d'un juge. Désormais, une myriade d'acteurs le pénètrent, mais d'après une logique qui ne nécessite pas de se rendre en son sein, puisque transmettant – généralement avec l'*agrément* de ses occupants – des informations qui jusque-là relevaient du domaine privé (produits consommés, programmes de télévision visionnés, musiques écoutées, sites Internet visités, poids et physiologie des personnes, présence ou non des habitants...).

La maison en émergence de la première partie du XXIe siècle ne se dévoile pas dans sa pleine transparence au prisme de baies vitrées, tels les appartements modernistes dont l'activité familiale était considérée de l'extérieur dans le *Playtime* de Jacques Tati (1967), mais au biais de mécanismes de suivi qui déterminent un nouveau type de « fondation » – plus immatériel ou impalpable –, établi sur une interaction dynamique entre ses unités physiques et organiques et une multitude d'entités de toute nature. Vu la dimension *foncièrement* anthropologique de la maison, on saisit à quel point c'est la tension qui unit l'humain à son milieu qui plus largement est redéfinie dans l'une de ses bases fondamentales ou fondatrices. Le dissimulé s'estompe, l'abri de l'intime se défait, les murs ne sont plus que de façade. La vie depuis le « chez soi » se mue en une vie cartographiée, mesurée, « partagée », dans la visée supposée de bénéficier d'un environnement domestique de partout fluidifié et optimisé, configuré pour profiter *in fine* de toute occasion avantageuse. La « ménagère » ne se laissait saisir dans sa cuisine fonctionnelle et confortable que le temps d'une séance photographique ; dorénavant l'*hôte* de notre temps fait se confondre bon gré mal gré la signification double et opposée du terme : personne qui réside dans un endroit ou qui est *accueillie* au sein d'un domaine privé.

C'est depuis cette même maison connectée qu'on peut désormais fréquenter une université à demeure. Ce qui est nommé MOOC (*massive open online course*) permet de suivre à distance un apprentissage sous la forme de cours filmés en direct ou enregistrés. Modalité qui semble présenter de nombreux avantages, devant favoriser un désengorgement des amphithéâtres, une plus large modularité et personnalisation des pratiques ainsi qu'une flexibilité accrue des horaires. Le principe de cet enseignement suppose certes que le professeur donne sa leçon, mais en la soumettant à une sorte d'obligation d'animation destinée à « soutenir l'attention » en ligne, en l'« enrichissant » de graphiques, de documents textuels, sonores, photographiques, de vidéos, de quiz, de forums… Logique qui induit une relativisation de la valeur de la parole au profit d'une hybridité relevant dans les faits d'une spectacularisation ou d'un « *edutainment* », qui voudrait répondre par une sur-sollicitation au déficit de concentration généralement constaté sur les bancs de l'école.

Environnement qui stimule encore une « intervention dynamique » par le biais d'interfaces spécifiées autorisant des commentaires de tous ordres, conformément à la récente idéologie du « participatif » qui veut que chacun puisse donner son « opinion » à tout moment. L'apprenant se mue en un causeur, voire en un vérificateur, alors que l'enseignant s'expose comme une figure soumise à des procédés standardisés d'évaluation et de notation. Ce n'est pas tant la hiérarchie historique qui est bousculée, que la structure temporelle qui est modifiée, par l'instauration d'un régime de l'*immédiateté*. Car la vocation de l'étudiant ne consiste pas à être systématiquement expressif, mais à acquérir progressivement un savoir, à s'exercer à la réflexion, à se doter d'une faculté de mise à distance et de pouvoir critique, mais qui ne se manifeste pas par une prise de parole spontanée ou l'envoi de posts continus, mais par l'écoute autant que par une nécessaire forme de repli qui favorise la juste maturation[19].

C'est le dogme de la « mise en réseau » qui s'impose, érigeant le professeur comme une « plateforme » destinée à intervenir *a minima*, à pointer des liens en quelque sorte, alors que ce sont les *modalités de traitement des données* qui dans les faits s'instituent comme les nouvelles instances de savoir.

C'est encore la relation sensible entre professeur et étudiant qui est atteinte, non pas qu'il faille tenir la *présence* comme le lieu d'esprit rousseauiste de l'expression de la vérité, mais comme l'occasion privilégiée d'entretenir une *sociabilité spécifique*, mêlant l'ouverture à l'inconnu et à la surprise, la pluralité de points de vue et la contradiction énoncées sans artifice, autant que le *partage en commun* d'un *savoir commun*. C'est enfin une *quantification* de l'ensemble de la chaîne des intervenants qui s'établit *via* des systèmes automatisés de mesure, qui analysent les diverses activités (aller-retour dans les vidéos pédagogiques, recherches Internet parallèles, délais de réactivité, degrés d'implication). Masses de renseignements qui non seulement contribuent à orienter en *feedback* la *nature* de l'enseignement, et qui conduisent à une évaluation continuelle et indistincte des élèves et des professeurs soumis à des critères standardisés de performance. Modalité qui induit un nouveau type de connaissance – imperceptible –, basé sur le suivi des pratiques d'apprentissage, faisant l'objet de multiples exploitations, d'ordre prioritairement commercial, à l'attention de cabinets de recrutement, de compagnies de fournitures scolaires ou de celles particulièrement intéressées par les tranches d'âge en rapport[20].

Ce sont deux types de savoirs distincts qui se constituent simultanément et *indissociablement* par le principe de l'éducation en ligne. D'abord celui qui détermine la forme de la pédagogie, *structurée* et *infléchie* par une architecture technologique qui impose des règles dites, non dites ou voilées, dictées par des schémas restrictifs. Ensuite celui qui dans le même mouvement se bâtit d'après la pénétration –hautement monétisable– des comportements, dressant une nouvelle strate de visibilité, portant sur la psyché des individus et leur capacité à se fondre ou non *efficacement* au sein de cadres *normatifs*. Jamais autant qu'aujourd'hui, et sous une portée sans commune mesure amplifiée et radicalisée, cette assertion de Martin Heidegger n'aura résonné avec une telle puissance de vérité : « L'activité violente du savoir imposée par la *technè*[21] ».

C'est cela la ruse extrême ourdie et favorisée par le régime numérique, qui consiste à accoler toute fonctionnalité et ses « avantages » supposés à une exploitation collatérale multiforme aux *contours insensibles*. Condition qui ne cesse de s'étendre à tous les domaines de la vie et qui, au-delà du seul modèle économique mis en place, vise comme point ultime et non ouvertement déclaré, à instaurer un *ordre* général où rien ne doit échapper, où tout doit être repéré et catégorisé. Radicalisation du processus historique ambitionnant une appréhension et une maîtrise intégrales par la grâce des nombres, qui ne conduit plus seulement à une identification des faits et de leur localisation, mais qui tend à une *quantification* des phénomènes autant qu'à leur évaluation qualitative indéfiniment évolutive. Forme d'omniscience computationnelle appelée à progressivement *ordonner* l'action individuelle et collective, qui réalise comme parfaitement la longue aspiration, manifestée depuis la Grèce antique, à soumettre dans la *praxis* nos rapports au monde à la vérité indubitable ou implacable d'une stricte et pure *rationalité abstraite*.

# III

–

# LA QUANTIFICATION INTÉGRALE DE LA VIE

–1

# MASSE ET CORRÉLATION : UNE APPRÉHENSION ÉTENDUE DES PHÉNOMÈNES

En 2009, un article paru dans la revue scientifique *Nature* suscita un étonnement planétaire[1]. Ses auteurs exposaient la façon dont Google avait réussi à identifier et à suivre l'évolution d'une épidémie de grippe par la seule analyse de mots clés tapés lors de requêtes sur son moteur de recherche, opérée par un système dédié nommé Google Flu Trends. Les termes de « médecin », « médicament », « pharmacie », « congé maladie », ou ceux se rapportant à différents symptômes ou remèdes de fortune, s'ils correspondaient au registre de vocables préalablement indexés, revêtaient par leur récurrence une valeur significative. En outre, tous étaient conjugués à leur localisation *via* les adresses IP, permettant de dresser une cartographie des foyers de contamination. Cette stratégie de repérage et de suivi renvoyait initialement à une hypothèse, à une sorte de pari scientifique, qui dans les faits s'avéra non seulement fiable, mais de surcroît plus efficace que les procédés utilisés par les instituts de veille sanitaire. Ceux supposant la détection des premiers cas par le corps médical, devant faire remonter les informations auprès d'instituts chargés de les centraliser, et de publier dans un dernier temps des bulletins plus ou moins régulièrement actualisés.

Pour la première fois, ce ne furent pas des corps qui témoignaient directement de leur pathologie par leur présence charnelle, mais qui par le biais du langage exprimaient leurs préoccupations, diffusant sans intention délibérée des renseignements relatifs à l'apparition ou au développement d'une épidémie. Cette initiative qui mêlait linguistique, intelligence artificielle et sciences comportementales représenta un événement d'ordre à la fois technique, thérapeutique et épistémologique. Ce fut la multiplicité des sources potentielles (au nombre des utilisateurs alors exclusivement américains de Google), associée au traitement sémantique mené en temps réel par de puissants systèmes interprétatifs, qui rendit possible cette sorte de « virtuosité computationnelle ». Modalité d'approche signalant la formation d'une aptitude cognitive spécifique qui, depuis, ne cesse de se perfectionner et qui plus largement dépasse le strict cadre du suivi épidémiologique pour s'étendre et s'appliquer à d'autres champs.

Un nouveau genre de connaissance émerge, fondé sur une récolte informationnelle massive, soumise à des *recoupements corrélatifs* identifiés par des algorithmes chargés de détecter des récurrences significatives. Formule heuristique qui renvoie au *Data mining* à l'œuvre depuis le début de la première décennie du XXIe siècle, qui inaugura le principe d'une *divulgation robotisée* de phénomènes jusque-là non directement détectables par la conscience humaine. C'est une extension de cette pratique qui s'instaure par le fait de la sophistication croissante des protocoles, portant en outre sur des volumes de données sans cesse amplifiés. Mode d'entendement qui se défait de tout *a priori* pour en quelque sorte laisser la « vérité du moment se découvrir », à l'écart de catégories préétablies possiblement réductrices. Il a par exemple été constaté que des bouchons de circulation, formés sur certaines zones en fin d'après-midi, étaient prolongés le soir même par une désaffection substantielle de la fréquentation de sites de rencontre. Rapprochement avéré entre deux faits apparemment sans rapport, qui a *révélé* que les conducteurs de véhicules soumis à ce cas de figure, par manque de temps, de disponibilité ou par fatigue, ne se sentaient pas dans des conditions favorables pour se livrer à ce type d'activité.

La méthode corrélative, qui prend son origine dans la biologie et qui fut plus tard appliquée dans les sciences économiques, consiste à identifier une liaison entre des variables sans explication causale. Elle relève d'un constat contextualisé à une occurrence déterminée, sans garantie de sa confirmation sous la conjonction renouvelée de conditions similaires. Tableaux qui désormais se constituent grâce à des systèmes techniques élaborés, mais qui paradoxalement n'assurent pas une vérité positive des résultats. Car ce n'est pas une forme d'appréhension à partir de laquelle on peut tirer des lois invariables, au contraire du raisonnement hypothético-déductif qui suppose une hypothèse initiale, dont on déduit logiquement une conséquence, et qui pourra ensuite être soumise à un procédé de vérification afin d'être finalement confirmée ou infirmée. C'est toute l'épistémologie occidentale établie sur les traditions platonicienne, cartésienne, kantienne, ainsi que le principe de la connaissance scientifique telle que formalisée par Karl Popper, fondée sur l'expérience validée et sa répétition systématique, qui se trouve non pas tant bousculée que dorénavant *redoublée* par une nouvelle modalité expansive d'intelligibilité du réel.

Le savoir corrélatif computationnel se caractérise par plusieurs propriétés. Il doit, pour exprimer sa pleine mesure, porter ses analyses sur des agrégats de données à la fois les plus *volumineux* et les plus *variés* possibles. C'est la condition nécessaire à ce que se dévoilent des faits ignorés, de surcroît non saisissables sous le biais d'autres processus cognitifs. Il s'exerce sur des registres informationnels indifférenciés, à condition qu'ils soient réduits à des codes binaires : textes, statistiques, images fixes et animées, coordonnées de géolocalisation, objets connectés. Il encourage une *mémorisation la plus soutenue*, afin de pouvoir relier à tout moment des données déjà stockées à d'autres susceptibles de s'agréger ultérieurement, en vue de révéler des phénomènes jusque-là insoupçonnés : « Encouragée par l'augmentation vertigineuse des capacités de stockage et l'abaissement consécutif des coûts, l'idée d'une conservation systématique des données est devenue un dogme pour la NSA. Dans l'une des rares explications publiques à ce sujet, Gus Hunt, patron de la division technique de la CIA le justifiait ainsi : "La valeur de chaque information n'est connue qu'au moment où l'on est en mesure de la connecter avec une autre donnée, qui peut surgir plus tard, à n'importe quel moment, a-t-il expliqué devant une assemblée d'informaticiens. Comme il n'est pas possible de relier des données que l'on ne possède pas, nous avons été conduits à un genre de 'on s'efforce de collecter tout, et de le conserver pour toujours'."[2] »

L'interprétation corrélative relève encore d'un mode d'appréciation qui se constitue grâce à des mécanismes robotisés, laissant le soin à des systèmes de divulguer des mises en rapport distinctives. Elle nomme une *expansion de l'automatisation* dans la compréhension des phénomènes, qui s'*impose* en quelque sorte à la raison par la force itérative de faits décelée par des *algorithmes inductifs*. C'est la faculté herméneutique proprement humaine qui est peu à peu repoussée ou sacrifiée dans nombre de cas, s'abandonnant à l'évidence du constat avéré et inflexible. *Puissance d'impact* adossée à son « prestige mathématique », qui n'appelle pas la contradiction, l'enquête minutieuse, la recherche pas à pas, l'effort consubstantiel propre à tout processus de discernement, qui de surcroît recouvre par l'apparence de sa *véracité*[3] un *pouvoir performatif*.

Car l'événement épistémologique majeur qu'il faut saisir – décrypter plutôt – au-delà de ces attributs renvoie au fait que tout résultat d'équation est aussitôt appelé à être *exploité* sous de multiples formes. Modalité d'appréhension à *visée* exclusivement *utilitaire*, qui transforme chaque circonstance en *graphe capitalisable*, ne laissant jamais en repos les états de connaissance, les situant comme la base hautement informée d'actions à entreprendre, inspirées et garanties par la puissance de définition prouvée des processeurs et des algorithmes. « Néo-utilitarisme » qui renoue avec la philosophie utilitariste de Jeremy Bentham, concepteur du dispositif architectural pénitentiaire à visibilité intégrale, le Panoptique, que la priorité accordée au *temps réel* renforce et universalise, l'érigeant comme l'acmé d'une relation *continuellement fonctionnelle* entretenue à un environnement se manifestant sans point aveugle *au fil* de l'expérience individuelle et collective.

– 2
# PRIMAUTÉ DU TEMPS RÉEL

La priorité historique accordée au raisonnement déductif renvoie à un âge de la pérennité, celui d'une épistémè stable et progressivement évolutive. L'interprétation inductive robotisée instaure un mode de connaissance fondé sur la dimension continuellement mouvante des événements, s'appliquant à suivre indéfiniment le fil de leur écoulement. Le raisonnement déductif suppose une conclusion, le processus inductif ne s'interrompt pas, la vérité en quelque sorte est toujours à venir, relevant d'un ordre quasi messianique. Principe heuristique qui ne se limite pas à un cadre *a priori* défini, toujours attentif à l'égard de faits plus ou moins connexes ou à ce qui apparaît sans prévenir. D'une certaine façon, l'induction corrélative est à l'image de notre temps, empreinte d'une dimension « néo-héraclitéenne », imprimant du sceau d'une perpétuelle transformation et de l'imprévisibilité nos rapports au monde. Davantage qu'un mode de temporalité, le temps réel témoigne de l'avènement d'une condition qui réalise le rêve occidental d'opérer une maîtrise totale du *cours des choses*, par la capacité d'examiner à flux tendus leur état autant que leur perpétuelle évolution, permettant d'agir *sans délai* et *en conscience* au plus près de la substance de la réalité.

Le temps réel fait de l'expérience un état d'« immanence transcendantale » constamment éclairée par des *techniques chronosensibles*. Ce sont des événements sans cesse plus nombreux et de toute nature qui peuvent désormais être « suivis à la trace » grâce à la *célérité* des processus de traitement : situation du trafic routier ou des réseaux de transport, communications téléphoniques, navigations Internet, comportements des consommateurs, localisation des personnes, conversations sur les réseaux sociaux… Il autorise également une *profondeur de discernement* par sa capacité à *immédiatement* pénétrer sous des strates jusque-là opaques la nature de notre environnement, à l'instar des procédés de réalité augmentée qui affichent des informations simultanément à notre perception naturelle des choses. Ou de certains appareils, tel le « scanner alimentaire » de poche conçu par la société canadienne TellSpec[4], qui décrit la composition des aliments : nutriments, colorants, pesticides, métaux lourds. Un galet muni d'un capteur transmet les données sur un serveur, analysées par un logiciel qui renvoie aussitôt les résultats consultables sur l'application dédiée. Exemple patent d'une « transparence instantanée » qui oriente en retour positivement ou négativement la décision d'achat ou de consommation, signalant l'émergence d'une condition anthropologique pouvant désormais se déterminer « au fil de l'eau » de façon hautement informée.

Le temps réel réduit des *seuils d'incertitude* au profit de l'établissement de sortes de salles de contrôle partout distribuées et personnalisées. Les sites de rencontres géolocalisés exemplifient cette capacité à se déterminer sans délai et *a priori* « pertinemment » par la consultation des profils suggérés situés à proximité, supposés répondre à un « niveau acceptable d'adéquation ». Car le temps réel est désormais indissociable de la *géolocalisation*, soit le fait de rapporter toute occurrence à ses coordonnées spatiales immédiates. Les compagnies de distribution expresse de courriers ou de colis, telles UPS, FedEx, DHL, taguent l'ensemble des maillons de la chaîne logistique : de l'emballage aux véhicules de transport, aux avions de fret, aux entrepôts de correspondance, jusqu'à la livraison finale. Traçage longitudinal de chacune des étapes, à la fois destiné à mesurer et à optimiser l'infrastructure générale, à exercer auprès du personnel une intériorisation relative à l'« impératif de performance » et à offrir aux clients un service de suivi rassurant, apte à témoigner de la qualité de l'entreprise.

Il correspond à un mode d'appréhension qui élimine au fur et à mesure, ne se concentrant pas tant sur l'instant même que sur *ce qui advient*. En cela le temps réel ne correspond pas à un présent en quelque sorte continûment étiré, à la durée bergsonienne. Il rend possible l'observation immédiate des événements, mais avec un retard imperceptible, qui appelle de suivre sans fin l'impulsion suivante, n'exposant jamais un état pleinement avéré. Il nomme encore l'initiative qui pourra à la suite être engagée, soit par des processus automatisés, soit par des humains, avec le décalage nécessaire à la prise de décision. Il relève d'une maîtrise à pouvoir observer et agir d'après une *pleine clairvoyance*, instaurant une forme de perception et d'action faisant corps avec le milieu mais sans s'y confondre totalement. C'est pourquoi au temps réel correspond le régime de l'*alerte*, qui signale des états notoires, qui représente sa marque la plus distinctive, réquisitionnant *particulièrement* l'attention « sur le moment » en fonction de critères déterminés. Le temps réel est *relatif* et *singularisé*, il se rapporte à des conditions spécifiques et à des préférences propres, imprégnant des pans de plus en plus étendus du quotidien.

Le temps réel computationnel intègre et manifeste la valeur continûment évolutive des choses, en cela, plutôt que d'être une seule modalité de perception et d'action, il correspond à un *ethos* qui tend à se fondre ou à se confondre avec la nature quantique et volatile du monde, réconciliant de façon inattendue la *rationalité découpante cartésienne* et le principe de l'*impermanence zen*. Dimension favorisée par une modélisation calquée sur les sciences du vivant opérée par le génie informatique depuis près d'un demi-siècle. Discipline qui a cherché à imprégner les protocoles d'une sorte de force « vitale », apte à réagir à l'aléatoire et empreinte de vertus auto-organisatrices. Dans une conférence prononcée en 1953, Werner Heisenberg avait qualifié la technique de « processus biologique[5] ». En 1968, le biologiste Aristid Lindenmayer avait dévoilé les mécanismes complexes déterminant la croissance des plantes qui influencèrent l'esprit de nombreux langages de programmation. Quelques années plus tard, René Thom avait souligné les liens quasi consubstantiels supposés associer les mathématiques et la nature, manifestes dans la *morphogénèse*[6]. Paradigme qui a inspiré la structure tendanciellement décentralisée, continuellement « dynamique » et « autorégulée » de la Toile : « Contrairement aux réseaux précédents, lourds, administratifs, mais prédictibles, Internet est un réseau “biologique”, naturellement extensible, à comportement foncièrement aléatoire[7]. »

Au-delà du seul cadre de l'Internet, ce sont les métaphores de l'*organique* et de l'*ondulatoire* qui animent nombre de catégories ou de modes d'action contemporains, que ce soit dans le domaine de la finance – particulièrement dans le *trading* à haute fréquence –, l'ingénierie manufacturière, les techniques managériales ou plus largement le champ de la culture, notamment dans une architecture à l'œuvre depuis le début du nouveau millénaire. À l'instar de la théorie de l'*autopoïèse* – initialement formulée en 1972 par le biologiste Humberto Maturana et le neurobiologiste Francisco Varela, qui définit la capacité d'un système à se réguler de lui-même et à opérer une continuelle interaction avec son environnement –, reprise une trentaine d'années plus tard par les architectes Zaha Hadid et Patrik Schumacher, qui inspire des structures au fonctionnement à la fois le plus autonomisé et capables de réagir aux milieux interne et externe ambiants[8].

Avènement d'un *rapport animiste* à l'environnement que le temps réel vérifie et exemplifie à l'extrême, principalement par le fait de la vélocité des processeurs qui désormais se déploient « à la vitesse de la vie » en quelque sorte, et que la mesure quantique à venir au cours des prochaines décennies intensifiera sans commune mesure, appelée à opérer une sorte de confusion ou de rythmique indissociable et synchrone entre codes et tous pans de réalité. *Perpetuum mobile* qui cadence sans cesse davantage nos expériences individuelles et collectives, radicalisant un constat dressé au moment exact de l'entame de la numérisation progressive du monde au début des années 1980 : « L'animisme constitue l'une des principales lignes de force de cette participation de l'automatisme à la raison technique[9]. »

## – 3
# LA MESURE « QUANTO-QUALITATIVE » DE LA VIE

La pratique historique de la statistique a représenté le premier moyen systématisé destiné à mesurer plus ou moins précisément l'état de certaines situations publiques. Procédé qui consiste à recueillir partiellement ou en totalité des données – généralement par le biais d'instances dédiées – se rapportant à un territoire, à sa population, à sa composition sociologique, à ses institutions, à ses équipements, à l'évolution des prix, aux maladies déclarées, aux délits commis, au taux de suicide… Elle relève d'une connaissance qui se constitue par le nombre ou les « grands nombres[10] », et qui répond à des catégories ou sous-catégories prédéterminées. Les résultats exposent des tableaux fixés correspondant à un segment temporel délimité, ordinairement l'année civile. Elle ambitionne de dresser sous la moindre distorsion des cartographies multicritères provisoires, et a été conçue comme un instrument technico-cognitif transformant des faits en chiffres, envisagé tel un tableau de bord servant d'« outil de gouvernement[11] » depuis le XVIII^e^ siècle. Cette réduction numérique de phénomènes de tous ordres ne s'offre pas seulement comme une méthode rationalisée de visibilité, elle induit une construction de la réalité, de surcroît supposée objectivée. Elle engage un cadre politique d'intelligibilité du réel autant que des modes d'action en retour, recouvrant une valeur à la fois *instituante et performative* : « L'hypothèse est que la quantification, entendue comme l'ensemble formé des conventions socialement admises et des opérations de mesure, crée une nouvelle façon de penser, de représenter, d'exprimer le monde et d'agir sur lui[12]. »

Technique qui s'est développée depuis trois siècles, ne cessant de se sophistiquer et qui, depuis le début des années 1980, s'est accompagnée d'un processus de quantification progressif et intensifié de pans de plus en plus variés du social, portant moins sur la « chose publique » que sur le fonctionnement interne de champs d'activités, telles les qualifications professionnelles, le niveau d'enseignement des écoles, la qualité des hôpitaux, celle de commerces ou de services. Expansion de la « culture de l'évaluation et du résultat », ou autrement nommée *benchmarking*, qui a peu à peu imprégné les sociétés d'après un registre toujours plus élargi de pratiques : « Depuis quelques années, les instituteurs, personnels hospitaliers, policiers, universitaires, travailleurs sociaux, etc., se plaignent, dans les couloirs ou les manifestations, de crouler sous les chiffres. Tous voient leur activité de plus en plus mesurée, quantifiée, évaluée, comparée. Ils dénoncent un quantitativisme exubérant, une "quantophrénie" [13] ».

Propension emblématique dans l'« indice h » ou « indice de Hirsch », qui prétend juger objectivement de la valeur d'un chercheur à l'aune exclusive de l'impact des publications, « chiffré » d'après les taux de citation (*impact factor*), induisant une approche exclusivement quantitative de la pratique scientifique [14]. Ou à l'instar du classement de Shanghai, établi sur des critères restreints telle la priorité accordée aux productions d'articles ou aux distinctions reçues, produisant en outre des effets performatifs sur la constitution des équipes autant que sur les programmes pédagogiques. Évaluation sans cesse accrue de la vie [15], qui radicalise en quelque sorte la pratique du sondage massivement utilisée depuis les années 1970, visant à estimer les opinions, les intentions de vote, les audiences de télévision (audimat) ou l'inclination à des produits. Procédé qui nécessite d'avoir recours à des « échantillons représentatifs » établis à l'aide de calculs de probabilité, permettant de dresser des résultats généraux devenus au fur et à mesure plus fiables, mais sans garantie d'une parfaite conformité.

C'est cette marge d'incertitude qui actuellement s'abolit, par le fait de l'usage universalisé de technologies connectées conjugué à l'expansion des capteurs, qui concourt à instaurer un témoignage à l'égard de gestes toujours plus variés du quotidien, induisant des modalités d'appréhension sans cesse *différentielles* se déployant *au cours du temps*. Principe qui, au-delà de l'identification des faits et de leur localisation, autorise des mesures multi-sources continuellement évolutives qui revêtent un *pouvoir comparatif*, exposant des résultats ne portant plus sur la seule quantité mais sur la *qualité*. Chaque événement situé dans l'espace et placé sur une courbe temporelle peut être envisagé d'un point de vue quantitatif – par exemple le nombre de livres numériques commandés auprès d'une plateforme en ligne, les cadences d'achats, les récurrences de visites, les taux de réponse aux suggestions –, autant que qualitatif, par une appréhension multicritères d'un autre type (qui *via* une liseuse électronique peut signaler les durées de lecture, les moments de pause ou d'arrêt, les annotations, les signets, les passages surlignés). Car un livre numérique est un livre connecté, qui transmet les « données de lecture » de chaque « lecteur-consommateur », qui de surcroît peuvent être croisées à toute autre information exogène susceptible d'affiner la qualité des profils. Ici ce n'est plus le nombre propre aux statistiques, aux techniques de *benchmarking* ou aux sondages qui rend possible une seule quantification, c'est la *codification* de pans de plus en plus étendus du quotidien qui expose le réel comme un plan virtuellement et de partout offert au *calcul*. D'une connaissance d'ordre *numérique*, se forme peu à peu par la masse exponentielle et hétérogène des informations récoltées un *savoir* d'ordre *vectoriel*[16], déterminé par le traitement de *signaux* qui atteste de façon progressive et granulaire des *modifications*, découvrant un mode d'intelligibilité collant et pénétrant sans fin le « fil de la vie », composé de toutes ses contradictions et variations.

Disposition non exclusive, ou substitutive, qui autorise *simultanément* une cartographie analytique factuelle autant qu'une estimation des propriétés, défaisant l'opposition sémantique historique entre le seul décompte d'un côté et un mode d'appréciation fondé sur la valeur d'un autre côté, témoignant de la souplesse des opérations computationnelles à définir suivant plusieurs degrés « complémentaires » certaines dimensions de la réalité : « L'instrument mathématique [...] est essentiellement polyvalent[17]. » Polyvalence ou superposition qui renvoient à la dimension *quantique* à l'œuvre dans la quantification, apte à commuter d'un ordre à un autre, d'après une faculté mentionnée dans sa définition même par le Larousse : « Quantification : passage d'une description classique d'un système physique à une description quantique ». Extensibilité qui caractérise exactement l'interprétation robotisée, dans le sens où des agrégats exponentiels et élémentaires de code indiquent les grandeurs, autant qu'ils renseignent dans le même mouvement sur la *nature changeante* des situations, perçues sous de *multiples* échelles allant de l'unité rudimentaire à de larges ensembles. Formule qui représente une forme de perfection du principe de la mesure, relevant d'un ordre à la fois hautement détaillé, contextualisé, synchronique, diachronique et perpétuellement dynamique, correspondant à un régime d'appréhension inédit : QUANTO-QUALITATIF.

Des domaines d'activité toujours plus nombreux sont désormais soumis à des processus évaluatifs. Les gestes d'un automobiliste peuvent être captés par une multitude de senseurs qui signalent les fréquences d'utilisation, les trajets parcourus, les arrêts effectués dans les stations-service, les programmes audio écoutés, le respect ou non du code de la circulation, autant que le niveau général de la conduite, de l'attention, des réflexes. L'instauration de la télévision connectée suppose non seulement une appréciation précise et fiable portant sur les programmes visionnés, mais également sur les durées, les changements de canal, l'enregistrement des préférences personnalisées étendues à tous les utilisateurs d'un même terminal, les liens procédés avec des plateformes en ligne. De multiples techniques permettent de juger des taux de productivité et de réactivité au sein des entreprises ; procédés facilités par la mise en connexion de la plupart des appareils et des espaces de travail. Les « *wearable technologies* », soit les bracelets, chaussures et autres tee-shirts connectés, ainsi que les systèmes d'annotation personnels, témoignent de l'activité sportive, de l'hygiène générale, des habitudes alimentaires, de la qualité du sommeil.

L'évaluation approfondie des performances sportives se généralise *via* des protocoles *ad hoc*, tels ceux utilisés par l'équipe allemande de football championne du monde 2014 fournis par l'entreprise SAP, qui a conduit à déterminer des stratégies de jeu en fonction des qualités propres de chacun de ses membres, autant que de celles des équipes rencontrées. Procédés dont le film *Moneyball* (*Le Stratège*) (2011), inspiré de faits réels qui se déroulèrent à partir de 2002, signalait le moment inaugural de l'ambition à saisir la valeur « objective » de joueurs de baseball, par la réduction de leurs gestes à des magmas de chiffres et leur mise en corrélation au fil des saisons. Mouvement de mesure qui semble ne rencontrer aucune limite, manifeste dans le système élaboré par Antonio Camurri et son équipe de recherche, qui utilise le détecteur de mouvements Kinect en vue d'interpréter l'état émotionnel des personnes[18]. Le dispositif compare en temps réel les positions adoptées avec celles préenregistrées, catégorisées par des études de psychologie comportementale. L'objectif déclaré consiste prioritairement à aider des enseignes commerciales à identifier précisément les attitudes ou les attentes des clients. Appréhension quanto-qualitative et toujours plus intégrale du réel, qui ne revêt pas tant une dimension « instituante » telle celle produite par les statistiques par la force de leur apparence de vérité. Ce n'est pas la vérité qui est en jeu ici, c'est la profondeur de pénétration des phénomènes qui se découvrent sous de multiples facettes et valeurs, et qui induit quelques transformations aux contours assez insensibles mais aux effets prégnants et décisifs.

C'est d'abord une *intériorisation* consentie ou inconsciente à l'égard du principe de la mesure qui s'institue, emblématique dans le cadre du travail, le *Quantified Self*, ou d'autres registres du quotidien, qui conduit à discipliner de soi-même ses gestes afin de répondre au mieux aux différents critères et normes explicitement ou tacitement définis. Ensuite, la codification en cours d'universalisation reprise par le traitement computationnel autorise une évaluation menée d'après des échelles modulaires et variables (par exemple, la qualité de *telle* crème solaire sur *tel* type de peau, ou celle de *tel* quartier corrélé à *telles* préférences singulières). Radicalisation subite et sans commune mesure du *benchmarking* rapportée à la vie entière dans toutes ses variations et nuances, et qui est exploitée par les instances publiques ou privées, et mise à la disposition des personnes, appelées en outre à être dotées d'inédites modalités d'appréciation intersubjectives. C'est une forme de régulation sociale s'exerçant par l'implication délibérée ou subie des individus qui subrepticement s'impose, et qui relève d'une nature impersonnelle ou *dépersonnalisée*, par le fait de la chaîne indistincte des acteurs et de l'invisibilité des procédures, qui interdit d'identifier quelques causes initiales ou les lieux manifestes de leur effectuation.

Enfin, c'est l'obstruction de toute « ligne de fuite » qui s'annonce. La « société de consommation » correspondait à un mode de vie partiel et découpé dans le temps ; l'*intelligibilité quanto-qualitative* se déploie le long de pans de plus en plus étendus du social, bientôt vouée à n'offrir plus d'échappatoire. Principe qui réalise la *mathesis universalis* imaginée par le néo-platonisme, ou qui accomplit en actes la mathématisation intégrale du monde telle qu'envisagée par Leibniz. C'est une *clôture* du réel sur lui-même qui se trame, définissant les phénomènes au chiffre près afin de permettre à chaque action de trouver sans délai les conditions de son « meilleur accomplissement ». Le *réel et son double,* défini par Clément Rosset [19] comme ce qui immanquablement trahit notre imaginaire, manifestant toujours au bout de nos illusions sa cruelle vérité, c'est ce réel-là – inflexible – qui s'effrite au profit d'une *mise en boucle des flux de la réalité,* indéfiniment récoltés et traités en vue de les *plier* aux exigences cardinales d'optimisation, de fluidification et de sécurisation de nos sociétés. C'est aujourd'hui que le régime numérique et son « bornage algorithmique » manifestent pleinement leur vérité, dans leur récente capacité à mesurer la nature composite et transitoire de toute chose, et à les *soumettre* à des *objectifs utilitaires* préétablis, faisant de cette disposition même une nouvelle condition d'existence.

# – 4
# GÉNÉRALISATION DU RÉGIME PRÉDICTIF

Le lointain passé représente la part masquée ou le « continent inconnu » de l'heuristique computationnelle, qui ne permet pas d'approfondir considérablement la compréhension générale et particulière de l'histoire. Certes, la numérisation des ouvrages et des annales, ou la prise d'images de sites et d'objets archéologiques, favorisent une indexation et une maniabilité aisées, autant que dans certains cas une perception renouvelée des événements, mais pas suivant la même puissance de pénétration qui s'exerce sur deux autres strates temporelles : le *présent* et le *futur*. L'interprétation corrélative institue un mode d'intelligibilité étendu et détaillé à l'égard d'une infinité de faits se déployant en temps réel, autant qu'une récente capacité à *anticiper* des phénomènes en cours d'émergence ou à venir dans un terme plus ou moins proche, avant leur réalisation supposée. Faculté « précognitive » selon les termes de Philip K. Dick, rendue possible grâce à des analyses statistiques menées à haute échelle et corrélées entre elles, traitées par des *algorithmes prédictifs*. Disposition exploitée par des activités de plus en plus diverses, que ce soit le domaine sécuritaire, le marketing, le champ thérapeutique, la finance, l'octroi de prêts bancaires, les calculs de montants d'assurance, la maintenance, les systèmes de sécurité dans les véhicules de transport[20]…

Le concept de *sécurité prédictive* est particulièrement emblématique de cette inclination contemporaine à vouloir et à pouvoir désormais devancer les risques *avant* leur éventuel accomplissement. Dimension effective dans la récente mise en place de postes de police usant de « logiciels précognitifs », destinés à

« avorter les violences urbaines avant qu'elles ne surviennent ». Des murs saturés d'écrans vidéo exposent les « points chauds » d'une ville et affichent sous la forme de diagrammes dynamiques les prévisions d'infractions appelées à être commises dans un *futur proche*. L'activation de clignotants signale qu'un forfait est susceptible d'être *bientôt* perpétré à l'intérieur d'une zone identifiée. Un officier jugeant crédible l'alerte émise par le système enverra une patrouille chargée d'intervenir « juste à temps ». Dispositif quasi similaire à celui à l'œuvre dans *Minority Report* (Steven Spielberg, 2001), configuré pour intervenir avant l'exécution probable – mais jamais certaine – d'un crime. Blue CRUSH (Criminal Reduction Utilizing Statistical History) – le protocole majoritairement utilisé – a pour large partie été développé par IBM et croise des données relatives à la météo, à des indicateurs économiques, aux jours de versement des salaires, à l'historique des délits et des arrestations, aux concerts ou à divers événements amenés à se produire.

Le logiciel HealthMap [21] analyse des données en provenance de l'Organisation mondiale de la santé (OMS), de Google News, de Twitter et de nombreuses autres sources en vue de dresser une carte planétaire des foyers de maladies, et a notamment permis de détecter la formation d'une épidémie de choléra en Haïti avec près de deux semaines d'avance sur les observations menées par les autorités qualifiées. La marque américaine de distribution Target cherche à identifier les femmes enceintes, dans l'objectif de leur proposer avant l'accouchement des produits pour nouveau-nés. Un système traite des masses d'informations récoltées *via* les navigations Internet, l'usage des cartes de crédit et de fidélité, et repère des corrélations à valeur significative. Par exemple, l'ouverture d'une liste de cadeaux dédiée à la naissance et parallèlement l'achat d'une crème sans parfum conseillée dès le quatrième mois de grossesse, ou de certains suppléments alimentaires appropriés aux différents stades, établiront par recoupement un « diagnostic automatisé ». Modalités qui ont été à l'origine d'un scandale, dû à ce qu'un père découvre des publicités de produits pour nourrissons envoyées à sa fille mineure, et qui se révéla être effectivement enceinte.

Le département des pompiers de la ville de New York a récemment mis au point un programme destiné à repérer, parmi le million d'immeubles que compte l'agglomération, les logements où des incendies seraient le plus susceptibles de se produire. Le système croise soixante facteurs de risque à partir de données provenant des différents services municipaux, portant sur l'ancienneté des habitations, le niveau de vie des résidents, l'historique des interventions, des procédures d'expulsion, des impayés de gaz ou d'électricité, l'occupation ou la vacance des logements, la présence ou non de gardien, l'installation ou non d'extincteurs automatiques, les taux de criminalité des quartiers… Les conclusions issues d'opérations algorithmiques établissent des « scores de dangerosité » et fournissent une feuille de route des priorités aux différentes unités, déterminant l'ordre des tournées afin qu'elles ne soient plus effectuées comme au hasard ou en pure perte. Jusque-là, treize pour cent des inspections conduisaient à des évacuations pour raisons de sécurité, contre environ soixante-dix pour cent depuis l'instauration du dispositif.

C'est le marketing qui ne cesse de suivre et d'interpréter toujours plus précisément le cours évolutif des existences, jusqu'à proposer des offres non seulement supposées accordées aux désirs, mais davantage aux aspirations enfouies et non encore expressément formulées, aptes à susciter une sorte de surprise ou de « révélation enchanteresse ». Plus largement, c'est une extension du régime prédictif à tous les domaines de la vie qui s'opère, *via* notamment les applications alertant les individus à l'égard de multiples faits appelés à les intéresser dans un espace-temps immédiat, à l'instar de l'assistant numérique personnel

Siri[22], ou d'autres types de protocoles anticipatifs personnalisés : « Rand Hindi travaille sur une application capable de comprendre le contexte dans lequel un individu se situe pour lui proposer des services adaptés avant même que celui-ci ait signalé un besoin. Elle permettra par exemple, à partir de l'agenda électronique et de la géolocalisation, d'anticiper une recherche de vélo en libre-service[23]. »

J'avais amplement décrit et analysé la propension anticipative alors discrètement à l'œuvre, dans ses modalités techniques et applicatives, autant que la rupture épistémo-anthropologique induite par la formation de schémas temporels inédits : « La culture occidentale a identifié trois modalités temporelles : un passé définitivement *fixé*, un présent vécu comme un flux fugitif enveloppé d'*incertitude*, un futur caractérisé par un *inconnu* irréductible. Ordre soumis à une linéarité irréversible, supposant une *origine* (d'esprit théologique – la Création – ou astrophysique – théorie du *Big Bang*), inévitablement tendue vers une *fin* (téléologie messianique, ou devenir entropique de la matière). C'est cette architecture conceptuelle qui actuellement se décompose, par le fait d'un entrelacement inédit et complexe entre ces différentes structures. Le passé, s'il demeure à jamais révolu, *s'offre* désormais comme une réserve de *traces manipulables*, dans laquelle les robots numériques peuvent indéfiniment « piocher », informant des algorithmes élaborant des *projections* futures, destinées à *guider* le présent. Trois temps se télescopent, générant un PRÉSENT DU FUTUR (saint Augustin, *Les Confessions*) découvrant une maîtrise servant *in fine* à assurer le *balisement* de chaque instant vécu, de surcroît placé sous la perspective de sa plus grande *potentialité et sécurisation* à venir[24]. »

La totalisation numérique, associée à la science algorithmique, contribue à ériger un mode d'appréhension toujours plus intégral, suivant une amplitude d'ordre non seulement spatial mais également temporel, qui garantit une efficacité du régime de l'action se déterminant d'après une forme de prescience qui relevait jusqu'à récemment de l'impossible ou du fantasme fictionnel. Isaac Asimov avait rédigé une série de nouvelles : *Fondation*[25], qui relataient les caractéristiques et les effets produits par une science fictive – la « psychohistoire » – capable de pénétrer les arcanes du futur. Discipline dotée de facultés prédictives grâce à une analyse massive et détaillée des phénomènes sociaux, de la psychologie humaine, et des statistiques. Or, c'est exactement et principalement à partir de ce large composé dorénavant traité par de puissants systèmes interprétatifs que ce qui relevait il y a quelques décennies d'un horizon futuriste improbable est aujourd'hui devenu dans les faits réalisable. C'est dans cette dimension-limite que doit être perçue la pleine puissance « polyvalente » ou « hors mesure » du régime computationnel contemporain.

Nombre d'applications ou de procédés sont depuis peu fondés sur des aptitudes précognitives, implémentées dans des systèmes d'entreprise ou mises à la disposition des individus. Nouveau régime de vérité qui ne se contente plus de saisir au plus près les états de fait, mais qui dans un même mouvement cherche à percer ou à devancer des événements à haute probabilité – proche ou lointaine – d'émergence. Certes, des failles et des insuffisances limitent cette faculté par le fait de l'imprévisibilité structurelle des flux du monde physique et humain ; néanmoins les protocoles ne cessent de se sophistiquer et de prouver leur efficacité régulièrement croissante. Le régime prédictif procède à une sorte de bouclage intégral, ou comble définitivement un « angle mort » dans le cadre de nos rapports jusque-là jugés inévitablement partiels ou « troués » au réel. Car c'est une *anthropologie totalisante* qui actuellement s'impose, qui suppose de soumettre l'ensemble des échelles, couches et dimensions de l'espace et du temps à une visibilité et à une maniabilité globales, auxquelles *rien* ne doit échapper et où *tout* peut être programmé, afin de se délivrer définitivement du principe ontologique et stérile d'incertitude.

– 5

# LE « SUBLIME COMPUTATIONNEL » ET L'EXCLUSION DU SENSIBLE

« Au cours du Moyen Âge et de la Renaissance, un nouveau modèle de réalité a surgi en Europe. Un modèle quantitatif a commencé à remplacer l'ancien modèle qualitatif. Copernic et Galilée, les artisans qui apprenaient à fabriquer de bons canons avec régularité, les cartographes qui dessinaient les côtes des terres nouvellement abordées, les bureaucrates et les entrepreneurs qui dirigeaient leurs empires et les compagnies des Indes orientales et occidentales, les banquiers qui recueillaient et contrôlaient les flux de richesses nouvelles : toutes ces personnes concevaient la réalité en termes quantitatifs avec plus de cohérence que tous les autres membres de leur espèce[26]. » La civilisation contemporaine aura atteint un stade qui instaure des modes d'appréhension et d'agissement prioritairement déterminés en fonction d'opérations computationnelles d'unités abstraites et discrètes, qui achèvent le long processus historique visant une pleine maîtrise grâce à l'idéalité découpante et rationalisante des nombres et des mathématiques.

C'est autant la vision hégélienne selon laquelle « tout ce qui est réel est rationnel et tout ce qui est rationnel est réel[27] » qui actuellement s'universalise, mais qui ne consiste pas à entretenir une illusoire correspondance entre un supposé état de fait et la réalité, mais à la *réduire* dans sa totalité à un *continuum* infini de chiffres ordonnant le schème majoritaire de la perception et de l'action humaines. Emmanuel Kant dans la *Critique de la raison pure* décrivait les conditions de possibilité de la connaissance, nécessairement soumise à l'expérience, soit au cadre incontournable de l'espace et du temps. C'est d'une autre modalité cognitive –additionnelle– dont nous sommes désormais dotés, qui ne cesse d'étendre et d'approfondir son champ de discernement, atteignant une dimension *suprasensible* en quelque sorte, qui contredit le postulat kantien, mais dont les modes de constitution échappent de part en part à notre perception sensible. Car c'est cela le prix inattendu d'une intellection subitement amplifiée des phénomènes, et qui se paie par une *double invisibilité*.

D'abord, les processus techniques sont empreints d'une part d'immatérialité qui interdit *de facto* toute perceptibilité soutenue et exhaustive. Ensuite, malgré la sophistication croissante des interfaces graphiques et de ce qui est nommé « datavisualisation », soit des procédés qui cherchent à exposer sensiblement certaines des opérations ainsi qu'une synthèse des résultats, ils se soustraient dans leur majorité au principe même de la représentation. Dimension « fuyante » particulièrement emblématique dans le *trading* algorithmique, qui traite des données extrêmement hétérogènes, et dont « l'activité des robots au sein de leur environnement global » ne peut être rendue manifeste par le fait de la multitude des sources, des paramètres décisionnels hautement complexes et de la nature des systèmes qui se déploient suivant des volumes et des vitesses qui dépassent nos facultés d'entendement. Tout effort de cartographie procèdera dans les faits d'une simplification qui jamais ne pourra rendre compte de l'ampleur des mécanismes à l'œuvre. Une part de ce qui a été conçu et établi par l'humain dépasse *in fine* notre capacité d'appréhension. La rationalité computationnelle et ses facultés « surhumaines » renvoient en quelque sorte au *sublime kantien*, soit le sentiment éprouvé devant l'impossibilité de nous figurer certaines dimensions qui excèdent notre intellect, nous rappelant paradoxalement à notre finitude au moment exact de notre « plus grande puissance » supposée.

Cette antinomie doit nous éclairer ou nous alerter relativement à la puissance octroyée aux technologies cognitives qui administrent d'*elles-mêmes* des secteurs de plus en plus nombreux et variés de nos existences, entraînant une forme croissante de *dessaisissement*, de surcroît amplifiée par l'absence de conscience à l'égard des processus qui les déterminent. Constat qui témoigne de la portée éminemment politique induite par le régime « algorithmo-computationnel », qui brise avec la tradition historique de maîtrise et de pleine lucidité de l'action humaine. Robert McNamara, secrétaire américain à la Défense sous les présidences de Kennedy et de Johnson, avait souligné en 1967 au cours d'un discours portant sur la stratégie de guerre au Vietnam la valeur déterminante des nombres et des statistiques qui guidaient ses décisions. Or, il reconnut bien plus tard avoir trop « collé » à des données apparemment objectives et froides, et n'avoir pas assez tenu compte d'autres paramètres jugés moins fiables.

Mode de compréhension et d'agissement restrictif, dont la nature propre ainsi que les effets avaient été saisis avec une admirable acuité par Hannah Arendt dès la fin des années 1960 : « À la lecture des mémorandums, des options et des scénarios, à voir la façon dont des projets d'opérations sont affectés de pourcentages de risques et de profits […] on a parfois l'impression que l'Asie du Sud-Est a été prise en charge par un ordinateur plutôt que par des hommes "responsables des décisions". Les spécialistes de la solution des problèmes n'*appréciaient* pas, ils calculaient. Leur confiance en eux-mêmes n'avait pas besoin de l'autosuggestion pour se maintenir intacte en dépit de tant d'erreurs de jugement, car elle se fondait sur une vérité purement rationnelle et mathématique. Le malheur est que cette "vérité" était dépourvue de tout lien avec les données du "problème" à résoudre[28]. »

Car il est temps de rappeler que l'intelligibilité numérique des phénomènes évince une dimension fondamentale, celle qui échappe à toute réduction binaire : le *sensible.* Le sensible caractérisé par l'impossibilité de le soumettre intégralement à des catégories, car constitué d'ambiguïté et de formes d'appréhension individualisées, irréductibles à tout principe normatif universalisé. C'est précisément à cause de ce flottement, de sa variabilité consubstantielle, de cette impossibilité à l'obliger à des mesures communes, que Platon l'envisagera comme contraire à toute connaissance « noble » : « Tant que nous serons en vie, le meilleur moyen, semble-t-il, d'approcher de la connaissance, c'est de n'avoir, autant que possible, aucun commerce ni communion avec le corps, sauf en cas d'absolue nécessité, de ne point nous laisser contaminer par sa nature, et de rester purs de ses souillures, jusqu'à ce que Dieu nous en délivre [29]. »

C'est une éradication du sensible, par la faute de ses « imperfections » et de ses « souillures », qu'une longue tradition se sera efforcée d'accomplir, depuis la Grèce antique, la Renaissance – de Galilée à Bacon –, les Lumières, le positivisme du XIXe siècle, jusqu'à la science moderne. C'est une priorité accordée à l'idéalisation mathématique aujourd'hui devenue dominante qu'aura instituée cette histoire : « C'est la pensée, la pensée pure et sans mélange, et non l'expérience et la perception des sens, qui est à la base de la "nouvelle science" de Galilée [30]. » C'est précisément la marginalisation progressive de la sensibilité par le fait d'une sur-mathématisation qu'avait dénoncée Husserl dans *La Crise des sciences européennes et la phénoménologie transcendantale* (1935-1936), où il en avait appelé à entretenir un rapport phénoménologique aux choses, à la fois ouvert à toutes les dimensions de l'existence et favorisant la multiplication de points de vue singuliers : « La pensée arithmétique [...] devient une pensée apriorique sur les nombres en général, sur les relations de nombres, sur les lois des nombres, entièrement débarrassée de toute réalité intuitive[31]. » Aspiration qui aura au même moment été battue en brèche par les recherches technoscientifiques qui se développaient à l'aube de la Seconde Guerre mondiale, et qui auront pour large partie contribué à l'émergence de la cybernétique dès l'achèvement du conflit. Aujourd'hui, nous saisissons à quel point la *réduction numérique* et le traitement computationnel auront cherché à parfaitement réaliser cette ambition résolument anti-empiriste : « Les dirigeants ont longtemps favorisé l'intuition et l'expérience dans la prise de décisions. Désormais, les *Big data* rendent cette approche dépassée[32]. »

Mais le fait singulier est qu'il s'opère une sorte de vengeance imprévue du sensible, inapte à se soustraire intégralement au régime computationnel. L'extension des capteurs, associée à la volonté de progressivement numériser les différentes qualités saisies par les sens humains (à terme, jusqu'à l'odorat et le goût), témoigne à la fois de cette inclination démiurgique et signale un point limite, celui de vouloir réduire l'intuition à des suites de chiffres, mais qui dans les faits procède d'une réduction partielle et standardisée, incapable de saisir la *dimension pluristratifiée* et non « algorithmisable » des sensations, des émotions et de la mémoire humaines. C'est pourquoi le principe d'une équivalence entre le cerveau et l'électronique, tel qu'initialement envisagé par la cybernétique et aujourd'hui relancé par le transhumanisme qui imagine réalisable « à l'horizon 2040 » le téléchargement des « données de l'esprit » sur des puces de silicium, relève d'une inconséquence, d'une naïveté, ou d'une imposture, correspondant à une aberration qui ignore la complexité irréductible de la conscience émotionnelle. La « raison numérique » est finalement confrontée à la juste et implacable vérité du « théorème d'incomplétude » de Gödel, selon lequel tout ne peut être démontrable et calculable. Le peintre Elstir affirme qu'il faut revenir à la racine d'une appréhension pleinement sensible du monde. Toute *La Recherche* de Proust plaide pour que les flux de l'expérience ne soient pas continuellement découpés et exploités rationnellement de façon cartésienne. Car oui, « L'expérience est indestructible. [...] La pensée à hauteur d'expérience est quelque chose comme une boule de feu ou une luciole, admirable et disparaissante[33]. »

C'est la nature de ce savoir qu'il faut identifier ou déconstruire et qui ne se défera jamais de sa constitution binaire, structurellement limitée à ne saisir que des phénomènes catégorisables. Condition cognitive et épistémologique dont il faut exposer la généalogie et le projet, et dont on voit la mesure éminemment *réductionniste* et *normative* qu'elle induit. Car c'est un régime de vérité toujours plus hégémonique, exclusif ou « excluant » qui s'impose, et dont la portée et les conséquences avaient été pressenties il y a plus de trois décennies par Jean-François Lyotard : « Il est raisonnable de penser que la multiplication des machines informationnelles affecte et affectera la circulation des connaissances autant que l'a fait le développement des moyens de circulation des hommes d'abord (transports), des sons et des images ensuite (médias). Dans cette transformation générale, la nature du savoir ne reste pas intacte. Il ne peut passer dans les nouveaux canaux, et devenir opérationnel, que si la connaissance peut être traduite en quantités d'informations. On peut donc en tirer la prévision que tout ce qui dans le savoir constitué n'est pas ainsi traduisible sera délaissé, et que l'orientation des recherches nouvelles se subordonnera à la condition de traduisibilité des résultats éventuels en langage de machine[34]. »

C'est cela la pleine vérité et le paradoxe de la réduction numérique, qui d'un côté semble étendre sans fin le champ de la connaissance et de l'action, mais qui d'un autre côté le borne à une logique *fondamentalement rudimentaire*, en dépit de sa puissance apparemment illimitée. Dans les faits, c'est un *type spécifique de rationalité* empreint d'un schéma unique et littéralement simplificateur qui s'impose et ne cesse de s'étendre, qui suppose de ne pas le confondre avec la raison dans la mesure où il confine *in fine* à son contraire, procédant dans son excès contemporain à un sorte de retournement inattendu. Max Weber avait relevé le rejet de « toute espèce d'élément sensuel ou émotionnel » requis par l'ascétisme puritain situé au fondement de l'« esprit du capitalisme », et dont l'effort sans cesse maintenu de rationalisation jusqu'à l'extrême produit, selon Karl Löwith, un renversement inéluctable vers une forme sournoise d'irrationalité : « Ce qui est irrationnel, c'est le fait de la rationalisation universelle[35] ».

Comment en est-on arrivé à ériger un mode de rationalité qui recouvre une efficacité dans certaines tâches, mais auquel on aura accordé un *pouvoir totalisant*, jusqu'à l'instituer comme un filtre incontournable et sans cesse extensif de l'intelligibilité des phénomènes et de l'action individuelle et collective ? C'est cette prééminence rationalisante qu'on n'a pas su voir s'imposer ; que nous ayons atteint cet état presque sans lucidité et que nous l'acceptions majoritairement sans réticence, c'est cela qui doit nous interpeller. Pour passer d'un statut de fonctionnalités restreintes et éparses il y a encore quelques décennies à celui d'une condition épistémologique et anthropologique universelle, il aura fallu concéder une place devenue primordiale à l'*ontologie informatique*, qui nomme le fait d'élaborer des outils permettant de représenter un corpus de connaissances sous une forme utilisable par une machine. Mais la ruse non dite de cette histoire, c'est que cette ontologie-là a sans cesse empiété sur l'*ontologie existentielle humaine*, en la soumettant de part en part à ses principes binaires et non ambigus, la convertissant peu à peu – bon gré mal gré – en son *opposé absolu*.

# IV

–

# LA NORMATIVITÉ ALGORITHMIQUE

– 1

# DE LA LIBRE INDIVIDUALISATION À LA RECOMMANDATION PERSONNALISÉE

Le levier primordial de la production de données, et le premier bénéficiaire de leur traitement, renvoie à l'unité majeure de nos sociétés : l'*individu contemporain*. Tout être se situe dorénavant au sein d'une boucle, engendrant des myriades de code et recevant des informations de tous ordres qui lui sont adressées en vue de répondre à ses plus grands intérêts ou confort supposés. Pour arriver à cette singulière et complexe architecture situant chaque existence à un point technico-anthropologique nodal, il aura fallu qu'un long processus historique autorise ce décentrement de l'ensemble social vers la personne ou ce recentrement de la personne au cœur de l'ensemble social. C'est une partie de la modernité qui a été considérée comme une longue et patiente acquisition d'un surcroît d'autonomie gagné par les citoyens à l'égard de cadres prescriptifs communs. Évolution dont il est difficile de retracer une généalogie et une chronologie précises mais dont on sait qu'en Occident, au sortir de la Seconde Guerre mondiale, de nombreux facteurs concoururent à l'émergence et à l'intensification progressive d'un large mouvement voyant les individus s'affranchir de certaines de leurs attaches familiales, professionnelles, ou territoriales.

C'est un composé foisonnant et entrelacé qui aura soutenu cette puissante impulsion, et dont on peut retenir quelques lignes de forces déterminantes : l'éducation publique et universitaire gratuite ou facilitée par l'octroi de bourses ou de prêts dédiés, l'urbanisation sans cesse expansive au long du XX^e^ siècle, le pluralisme de la vie politique dans les démocraties, la place corollaire et régulièrement renforcée accordée à la liberté d'expression, le statut d'égalité des femmes, la légalisation de l'avortement et des procédés de contraception, la garantie du droit d'association, de syndicalisation et de manifestation. Autant de dimensions, parmi d'autres, qui auront contribué à ce que les « masses » puissent entretenir une distance lucide ou critique à l'endroit de structures historiques, libérant pour chacun des marges de négociation ou de contradiction possibles à l'égard de divers cadres sociaux plus ou moins contraignants. C'est la technologisation croissante des sociétés qui aura également participé de ce climat, par la multiplication des organes de presse et des canaux d'information, la présence de postes de radio, de télévision ou de téléphones fixes au sein des foyers. Simultanément, l'essor de l'industrie automobile et du transport aérien, fondé sur le principe de la libre circulation, aura inauguré un rapport singularisé au territoire local ou transnational.

Le passage d'un seuil s'opéra au début des années 1980, à la fois par la consolidation de l'ensemble de ces dimensions et par l'apparition des premières technologies informationnelles portables, manifeste dans l'événement technico-culturel que représenta le Walkman mis sur le marché en 1979 par Sony, et par la rapide généralisation des premiers ordinateurs personnels quelques années plus tard. Dispositifs qui encouragèrent une forme d'affranchissement de l'attache fixe, autant qu'une autonomisation expressive des personnes. Tendance qui se renforça à la suite par l'universalisation de l'interconnexion et de l'usage du téléphone portable, qui concoururent parmi d'autres facteurs à ériger les corps comme autant de points d'émission et d'action pivots des sociétés, devant faire l'objet d'un nouveau type d'attention de la part des forces économiques. Alors que le phénomène de l'individualisation était supposé dissoudre de nombreux schémas rigides et favoriser l'épanouissement et la libération des êtres, sensible dans le mouvement de contestation et d'espérance planétaire de 1968, c'est un déplacement discret mais décisif qui depuis peu se forme, adossant cette propension à des protocoles techniques qui ne cessent de l'*encadrer*, de la *stimuler* et de la *relancer*.

C'est une *délégation* à des systèmes conçus pour accompagner les existences et répondre à leurs besoins et désirs singuliers, jusqu'à les susciter et les devancer, qui s'est subrepticement instaurée en une quinzaine d'années. Ce qui se dessine, c'est que le fait apparemment indomptable de l'individualisation est désormais *pris en charge* ou est en quelque sorte « administré » par des instances *externalisées*. Configuration qui pourrait laisser croire à une subite et bienvenue amplification de la libre licence individuelle, alors que c'est un retour du refoulé normatif aux contours insensibles qui s'institue, entrelaçant toujours plus continûment les êtres à des suites algorithmiques réglées en fonction d'objectifs déterminés. Le paradoxe contemporain veut que l'expression de soi ne cesse de se manifester au long du quotidien et comme sans entrave, mais à l'intérieur d'un cadre majoritaire qui la codifie, l'excite et l'*oriente* de façon imperceptible ou non immédiatement consciente.

Par exemple, là où « l'âge de l'accès », caractéristique du tournant du XXIe siècle, proposait des corpus « bruts » en ligne, ce sont dorénavant les flux d'information qui s'*ajustent* aux intérêts catalogués et évolutifs de chacun, à l'instar du service NewsStand développé par Google, qui agrège des articles et les présente sous la forme d'un magazine personnalisé. C'est tout un environnement technologique fondé sur la vitesse de récolte et de traitement des données qui cherche à magnifier un témoignage multiforme de la vie, par la « libre » mise à disposition de protocoles de formulation et d'exposition de soi, qui *in fine* ne visent qu'à capter l'attention générale et à encourager l'expressivité, qui ensemble génèrent des flopées de renseignements exploités en vue d'*infléchir* les conduites au biais de *stimuli* d'ordre prioritairement commercial.

Il faut saisir ici le glissement produit, de l'individualisation historique vers un processus de récupération ou de « ré-embranchement », qui ne vise pas tant son amoindrissement que sa pleine exaltation, rendant possible le procédé aujourd'hui prépondérant de la *recommandation personnalisée robotisée*, qui synthétise la sophistication numérique contemporaine. Large ensemble en devenir qui confirme le phénomène récent de la *personnalisation de masse* et qui, plus encore, signale l'émergence d'une ère du SUR-MESURE ALGORITHMIQUE qui agrège de façon singulière la plus grande liberté apparente des individus à des systèmes complexes chargés de continuellement la *soutenir* et de la *capitaliser* le plus intensément, sous toutes ses dimensions et sous toutes les formes imaginables.

## – 2
# L'ÈRE DU SUR-MESURE ALGORITHMIQUE

Le *retargeting* définit une technique récente fondée sur la récolte de traces numériques traitées par des algorithmes en vue de permettre aux entreprises de rediriger vers elles les personnes ayant fréquenté leur site mais n'ayant pas réalisé d'opérations, ou qui auraient effectué des achats sans être revenues ensuite[1]. Chaque comportement adopté sur une plateforme est analysé d'après divers paramètres (durées des visites, pages vues, degrés estimés d'hésitation, commandes effectuées, récurrences des retours…). Les internautes sont alors qualifiés suivant de multiples critères et font l'objet de notifications appropriées. L'enjeu ne consiste plus à exposer des messages indifféremment perçus par tous, ni non plus à les ajuster en fonction des profils, mais à faire en sorte qu'un *intérêt individualisé identifié* et un *objectif commercial déterminé* ne cessent de trouver les conditions conjointes et toujours relancées de leur réalisation. Principe qui correspond exactement au « sur-mesure algorithmique » qui spécifie les aspirations, les laisse s'exprimer, mais qui sans fin déploie des stratégies en vue de les faire correspondre au cadre estimé le plus adapté et le mieux offrant.

Tous les abonnés de la plateforme de diffusion de films en *streaming* Netflix gèrent une page personnelle, sur laquelle il est proposé lors de chaque connexion de reprendre la lecture des vidéos au moment de leur éventuelle interruption. En outre, les cent derniers films ou séries plus ou moins attentivement consultés par chacun sont systématiquement mentionnés, offrant un tableau de bord individualisé de ses propres intérêts. Le système recommande les références de son catalogue en fonction des goûts consignés, ou prévient des nouveautés particulièrement susceptibles d'intéresser. Enfin, à la suite de chaque visionnage, il est suggéré de commenter, de classer et de noter les œuvres vues. Grâce à cette interface, la compagnie dispose d'une gigantesque base de données portant sur les modes d'appréciation de millions de spectateurs. C'est en étudiant et en intégrant l'ensemble de ces renseignements que Netflix s'est investie dans la production de séries telle *House of Cards*, qui certes a été réalisée d'après un scénario original, mais qui a été insensiblement inspiré par des critères destinés à satisfaire le goût majoritaire des consommateurs et à capter le plus intensément l'attention.

Les clients du groupe britannique de distribution Tesco se trouvant positionnés face à une caisse sont scrutés par des caméras reliées à un système nommé OptimEyes qui détecte leur âge et sexe, ou les identifie et les relie à leurs historiques d'achats. Protocole qui permet de diffuser en temps réel des publicités adaptées à chaque cible, projetées sur des écrans savamment disposés. La chaîne de grand magasin Macy's a réalisé en 2013 un test grandeur nature à New York et à San Francisco, expérimentant la technologie iBeacon qui géolocalise « *in-store* » les corps *via* les smartphones, et signale simultanément des offres correspondant à la nature des parcours. « "Nous pouvons voir où une cliente est restée debout, si c'est devant un sac à main, et si elle n'a pas acheté nous pouvons lui envoyer une suggestion personnalisée" explique Terry Lundgren, PDG du groupe, devant des analystes[2]. » Ce qui marque ici, c'est que la déambulation physique s'apparente dorénavant à une navigation sur la Toile, instituant chaque geste comme l'occasion de témoigner consciemment ou non de sa conduite. Ce n'est pas seulement que le principe de l'interconnexion universalisée déborde du strict cadre du Web, c'est que l'ensemble des logiques à l'œuvre fondées sur le traitement ininterrompu de données et l'hyperréactivité imprègne désormais la structuration générale de notre environnement. À la connaissance des comportements *via* les navigations Internet, qui représente le modèle majeur et structurant depuis le début des années 2000, est désormais superposé le *suivi imperceptible* de l'expérience quotidienne, continuellement relayé par la *stimulation personnalisée*.

Le constat d'une individualisation soutenue par la logique propre de la société de consommation avait été dressé par Jean Baudrillard à la fin des années 1960, mais il se cantonnait alors aux seuls rapports entretenus aux produits finis : « Jadis les normes morales voulaient que l'individu s'adapte à l'ensemble social, mais c'est là l'idéologie révolue d'une ère de production : dans une ère de consommation, ou qui se veut comme telle, c'est la société globale qui s'adapte à l'individu. Non seulement elle va au devant des besoins, mais elle prend bien soin de s'adapter non à tel ou tel de ses besoins, mais à lui-même personnellement : "Vous reconnaîtrez un siège Airbonne à ceci : quand vous vous asseyez, c'est toujours dans VOTRE fauteuil, dans VOTRE chaise, dans VOTRE canapé, avec cette impression confortable d'avoir un siège taillé à vos mesures." [3] » Aujourd'hui, ce n'est plus seulement notre canapé, mais NOS vies qui sont de part en part « taillées à nos mesures » au gré d'interprétations algorithmiques sans fin relancées. Disposition rendue possible grâce aux technologies de récolte et de traitement de données, qui représentent des systèmes cognitifs prioritairement conçus en vue de suivre et de répondre aux aspirations de chaque être : « Avant, une société comme La Redoute envoyait son catalogue chez les particuliers et elle attendait de recevoir leurs commandes pour découvrir ses produits les plus populaires. Aujourd'hui, ce vépéciste met ses références en ligne et il peut savoir en temps réel quel client est allé sur son site, qui a cliqué sur tel ou tel produit et combien de temps un consommateur a passé à lire une page particulière. Cette collecte de données, quand elle est bien exploitée, permet au distributeur d'offrir à chaque consommateur le produit qu'il souhaite au moment qui lui convient le mieux[4]. » D'une adaptabilité occasionnelle nous sommes passés à une modularité continuelle.

Des domaines toujours plus étendus de la vie sont appelés à trouver les conditions hyperpersonnalisées de leur réalisation. L'école et l'université conçoivent des programmes d'enseignement destinés à chaque élève ; le séquençage du génome humain favorise la mise au point de thérapies ciblées à la pathologie singularisée des individus ; c'est encore le corps qui, par scannage de ses contours et épaisseurs, se dote d'accoutrements précisément appropriés à son anatomie. « Je veux développer des objets qui scannent le corps pour un sur-mesure technologique ». Formule énoncée par la styliste Iris van Herpen, qui développe des recherches portant sur le pouvoir d'adaptabilité de certains matériaux synthétiques à la morphologie de chaque personne[5]. Tout comme le « *body scanner* » digital installé au sein de cabines d'essayage qui numérise les silhouettes et propose des offres ajustées à la physionomie et aux goûts catalogués des clients, de surcroît immédiatement visibles sur des écrans intégrés.

Le principe de l'impression 3D en cours de généralisation suppose que ne soient plus seulement proposés des produits génériques *a priori* adaptés, mais des prototypes qui dès leur conception à l'état de programme répondent aux souhaits des individus. Logique qui appelle soit à passer commande auprès de compagnies de fichiers « customisés » à « imprimer », soit à dessiner et fabriquer soi-même des objets suivant ses propres désirs d'après l'esprit du *do it yourself* (DIY), ou de les produire sous diverses modalités avec d'autres personnes ou organismes dédiés, conformément à la tendance du *do it with others* (DIWO).

C'est également le prix qui jusque-là relevait d'une fixité commune, qui est appelé à indéfiniment se moduler, pour l'instauration progressive d'une *tarification dynamique personnalisée*. Phénomène sensible depuis le début des années 2000 dans les méthodes pratiquées par les plateformes de réservation en ligne de billets d'avion ou de train, qui ne cessent de jouer d'une évolutivité permanente suivant le moment des visites et leur récurrence, en temps réel, contextualisées à l'état de l'offre et de la demande[6]. L'invariabilité correspondait à l'âge de la mesure universelle exposée au *libre choix* ; la variabilité continuelle, c'est la coordonnée spatiotemporelle déterminant la position provisoire de tout être, qui s'érige comme l'étalon de mesure indéfiniment différentiel et toujours soumis à la pression psychologique de la flexibilité jusqu'à son éventuelle concrétisation. Configuration qui requiert une vive faculté de réactivité, qui seule laisse espérer d'avoir au bout du compte évité le pire, soit le palier maximal. C'est une concurrence tacite entre individus qui insidieusement s'institue, fondée sur la meilleure capacité à répondre sans délai aux conditions dictées par des algorithmes d'optimisation maximale des profits. C'est cela le *prix* collectif à payer pour les « vertus » de la personnalisation, soit le fait de mettre obliquement en compétition les êtres entre eux, autant que de les soumettre à une mise en rapport perpétuellement comparative, qui établit des niveaux de valeur multicritères portant précisément sur *chaque individu*.

« Je pense que la plupart des gens ne veulent pas que Google réponde à leurs questions. Ils veulent que Google leur dise ce qu'ils devraient faire. [...] Nous savons *grosso modo* qui vous êtes, ce qui vous tient à cœur, qui sont vos amis. [...] Le pouvoir du ciblage individuel grâce à la technologie sera tellement parfait qu'il sera très dur pour les personnes de voir ou de consommer quelque chose qui n'a pas été, d'une certaine manière, taillé sur mesure pour eux[7]. » Propos implacables au ton définitif ou quasi totalitaire énoncés en 2010 par Eric Schmidt, alors PDG de Google, et qui appellent aujourd'hui à signaler un *distinguo* : nous n'avons plus exactement affaire à du « ciblage », mais à une *prise en charge robotisée* de l'idiosyncrasie de chaque personne. Architecture indéfiniment modulée à tous les êtres, dont il faut voir le nouveau type de normativité qu'elle institue, qui ne correspond plus à quelques canons rigides historiques, mais qui relève de dynamiques imperceptibles aux allures attrayantes et indolores. La norme classique imposait un registre prescriptif explicite ou implicite de codes à respecter. La RECOMMANDATION ALGORITHMIQUE renverse ou inverse le schéma, laissant les personnes « librement s'exprimer[8] », érigeant le désir de chacun comme le topos majeur de nos sociétés administré par des systèmes destinés inlassablement à y répondre.

C'est un double principe normatif qui s'institue. D'abord de soi à soi ; chacun étant sans relâche excité à formuler ses inclinations ou étant sans relâche *rappelé à ses inclinations*, d'après une équivalence jamais contrariée entre l'*identité* et l'*identique*. Ensuite par le fait d'un environnement cognitif qui, sous couvert d'une ultra-réactivité adossée à toutes les singularités, s'impose dans son mécanisme général, dans son efficacité et dans son étendue, comme LA norme majeure de notre temps, de nature non plus coercitive mais *puissamment incitative*. Logique d'autant plus prégnante qu'elle ne s'exerce pas suivant un ordre pyramidal, mais qu'elle prend sa source dans toutes les aspirations particulières de milliards d'individus, qui à la fois lui assurent une fondation universelle et lui ouvrent une infinité sans fin reprise ou renouvelée de débouchés possibles : « Mathématiquement, ce qui ne veut pas dire rigidement, la technique la plus parfaite est celle qui s'adapte au plus près et qui par conséquent est très souple ; la vraie technique saura réserver une apparence de liberté, de choix et d'individualisme qui satisfasse les besoins de liberté, de choix et d'individualisme de l'homme – tout cela soigneusement calculé de façon qu'il ne s'agisse que d'une apparence intégrée dans la réalité chiffrée[9]. »

# – 3
# LE *QUANTIFIED SELF* OU LA « LIBRE » QUANTIFICATION DE SOI

Depuis le début de la présente décennie, de multiples dispositifs « collant au corps » sont régulièrement mis sur le marché, destinés à capter les flux physiologiques et à quantifier les pratiques hygiéniques ou sportives. C'est le smartphone qui a représenté le premier « moniteur individualisé de contrôle de soi », autorisant *via* des applications dédiées la mesure de certaines activités physiques. Nike fut la première entreprise à profiter des capacités offertes par le terminal, en équipant un modèle de chaussures de sport de puces électroniques, s'instaurant comme des podomètres transmettant les résultats sur les écrans. La sophistication croissante des capteurs, associée à la baisse régulière de leur coût, a favorisé l'élaboration de divers protocoles connectés, tels les bracelets, les patchs, les montres, à porter sur soi durant un exercice ou au long du quotidien, qui estiment les distances parcourues, les calories dépensées, le nombre de minutes actives au cours d'une journée, les pulsations cardiaques ou encore la qualité du sommeil.

Ce qui caractérise ces « *wearable technologies* », c'est qu'elles sont supposées participer d'une bonne préservation de la santé, grâce à une manifestation objectivée d'une partie de soi par les nombres (*self knowledge by numbers*). Systèmes qui non seulement exposent des données brutes, mais qui se présentent également sous la forme de « coachs numériques » qui délivrent des synthèses d'après des bases multicritères, signalent toute progression ou recul des performances, et suggèrent des « feuilles de route » personnalisées suivant les circonstances. C'est pourquoi la notion d'« automesure » doit être nuancée, vu que la plupart des résolutions répondent à des prescriptions formulées par des instances tierces, inspirées par un ensemble de variables supposées être à la fois objectives et individualisées. Par exemple telle personne de tel sexe, de tel âge, ayant telle taille, tel poids, telle masse corporelle, tel antécédent, devrait se conformer à des paramètres certes spécifiés, mais qui *in fine* s'inscrivent au sein de tableaux partiels, dotés de marges d'imprécision lorsqu'ils s'appliquent à chaque individu particulier. Or, c'est précisément dans ce « flottement » que réside une forme de normativité masquée, par l'établissement de grilles de références en partie génériques et dans les faits incomplètes, de surcroît adossées à des jugements culturels ou à des effets de mode provisoires.

Artefacts qui s'apparentent à des « technologies de soi [10] », qui certes encouragent une reprise volontaire sur sa personne, ainsi qu'une sorte de subjectivation dans le rapport au corps, mais au prisme de *mêmes techniques* qui *infléchissent* le cadre général de leur effectuation. Le « souci de soi » grec a été identifié par Michel Foucault comme autant de conduites singulières et libres qui visaient à se conformer, à l'écart de toute injonction morale, à quelques principes favorisant un bon équilibre physique et psychique, permettant de mener une existence saine et harmonieuse. Ici, c'est la mesure quotidienne de l'intime, relayée par la disposition délibérée à se *plier* à des critères et à des objectifs déterminés par des organismes externes, qui se dresse telle la nouvelle *morale hygiéniste* de notre temps. Régime de vérité spécifique qui appelle l'effort afin de s'y soumettre ; en cela ces dispositifs et ces pratiques renouent – mais là encadrés par des algorithmes industriels – avec le « soi gnomique » grec pour qui « la force de la vérité ne fait qu'un avec la forme de la volonté [11] ».

Car les canons objectivés et en partie individualisés découvrent des écarts qui appellent sans fin à être comblés. C'est pourquoi le *Quantified Self* pousse à entretenir un rapport continûment *performanciel* ou *sacrificiel* à soi, à l'instar de certains usages à l'œuvre dans le monde de l'entreprise ou celui de la compétition sportive de haut niveau. Mais il renoue autant avec la confession chrétienne, comparativement analysée par Foucault comme une coutume qui visait à témoigner de ses péchés, à user de l'aveu afin d'expier par la parole ses pensées malsaines ou ses actes coupables dérobés. Le « redressement assisté de soi » vise également à se repentir de ses fautes (excès alimentaires, manque d'exercice, mœurs fragilisant la santé) par une sorte de lutte psychologique et physique contre soi-même, pouvant tendre à la compulsion ou à l'expérience de la limite : « La grande richesse des technologies chrétiennes de soi : pas de vérité sur soi sans sacrifice de soi [12]. »

Technologies de soi qui, sous couvert de l'expression de la robustesse de corps recouverts de capteurs et de voyants lumineux – sensible dans la présence fuyante de joggers suréquipés galopant dans les parcs ou sur l'asphalte des villes –, se cultivent sur fond de *vulnérabilité*. Ici, c'est moins l'affirmation rayonnante propre au processus d'individualisation historique qui se manifeste qu'une fragilité inquiète qui cherche à se prémunir de ses déficiences, et à tendre vers la meilleure conservation de soi. Systèmes enveloppant et régulant la conduite des êtres, qui répondent comme par magie à l'angoisse humaine fondamentale qui aspire à garantir au mieux les conditions de la vie ou de la survie, et qui confirment à l'excès le constat rousseauiste d'une nudité anthropologique primitive devant nécessairement être secondée par des instances de soutien ou des prothèses artéfactuelles : « Nous naissons faibles, nous avons besoin de force ; nous naissons dépourvus de tout, nous avons besoin d'assistance [13]. » C'est cela qui ne doit pas être avoué, raison pour laquelle c'est un « *enhancement* » qui est affirmé être recherché, soit une augmentation de la puissance des corps grâce à une «harmonieuse fusion» établie avec la technique, non pas en déformant ou en violentant la chair à l'instar de pratiques ou de scènes à l'œuvre dans quelques fictions eugénistes, ni non plus en l'infiltrant de partout de métal ou de silicone conformément à l'imaginaire transhumaniste. Non, c'est un esprit qui correspond plutôt à une forme de «néo-humanisme technologisé», qui en appelle à la libre participation de tous, pour la bonne cause déclarée de la santé individuelle et publique, autant que pour la cause moins flagrante mais prépondérante de la bonne santé d'entreprises impliquées dans la production de nouveaux protocoles ou le développement de toutes sortes d'applications sportives ou de santé dites mobiles.

*Gestion algorithmisée de soi* qui suppose encore que les personnes elles-mêmes assurent un relais à l'égard de l'impératif de la mesure généralisée, qui témoigne d'une intériorisation consciente autant qu'inconsciente du primat contemporain de la quantification, mais ici vécu sous un mode apparemment autonome et *cool*. Elle pourrait même s'entendre comme la forme paradigmatique d'une pleine liberté, permettant de travailler de «soi à soi» aux conditions optimisées de sa propre existence. Ici, l'individualisation ne consiste plus à s'éloigner de certains cadres normatifs du social, mais à prendre au sérieux un registre de codes et de recommandations établi par des instances plus ou moins identifiées, par des officines, par des entreprises privées, et à les épouser, à les embrasser, jusqu'à s'enivrer de toute amélioration ou challenge personnalisé, dans le sentiment d'une réalisation sans contrainte et bienfaisante de sa vie. *Ethos* qui induit cependant dans son aspiration à l'idéalité l'imperfection de toute performance, faisant de chaque bataille provisoirement remportée le terreau de défaites inéluctablement annoncées.

Poids si lourd que cette logique appelle fatalement le « partage », entendu comme un appel au soutien, à l'aide, au réconfort. La plupart des applications autorisent la diffusion synchrone des résultats sur des plateformes de réseaux sociaux ou sur des sites dédiés, qui suscitent des messages de félicitation, d'encouragement ou d'empathie selon les cas de figure. Procédés qui appellent autant à se confronter obliquement ou frontalement *via* des interfaces comparatives, entraînant une compétition maintenue à l'intérieur de cercles d'affinité. Les millions d'utilisateurs de la Wii Balance Board se calibrent, échangent les scores, se lancent des défis, telle une armée indistincte de coqs rivalisant du plus grand mérite, mais qui produisent simultanément bon gré mal gré des données, elles-mêmes traitées et indexées en temps réel. Car c'est une nouvelle strate de connaissance des personnes qui désormais se constitue, contribuant à étendre une pénétration toujours plus précise et affinée des comportements exploitée par des myriades d'entités.

« Aux États-Unis, certaines compagnies d'assurance réfléchissent à intégrer des objets connectés à leur offre et à moduler leurs tarifs en fonction, en outre de plus en plus d'entreprises proposent d'équiper leurs salariés », indique Alexis Normand, responsable du développement des activités santé de la société Withings[14]. Finalement le *Quantified Self*, à l'écart du principe de la seule mesure et du « souci assisté de soi », doit être entendu comme constituant l'une des bases, un des strates fondamentales présentes et à venir, conditionnant l'édification d'une cartographie détaillée, globale et évolutive des états du monde. C'est dans sa littéralité que le terme doit être saisi dans sa pleine puissance de vérité, concourant à soutenir une *quantification* toujours plus intégrale des êtres, produisant comme effet collatéral de participer pour une large part à la consolidation et au perfectionnement continus d'un *Quantified World*.

# – 4
# FACEBOOK LA MACHINE À CAPTER/MONÉTISER L'ATTENTION

Le mouvement historique d'individualisation exigeait comme condition nécessaire à l'émancipation de soi d'entretenir et de maintenir une distance à l'égard de diverses normes. Processus d'affranchissement qui entendait se libérer de multiples carcans sociaux et culturels jugés tétanisants, afin de rendre possibles de nouvelles modalités existentielles, expressives et relationnelles. C'est une absorption ou un « ré-embranchement algorithmisé » de cette aspiration qu'auront engagé les protocoles numériques, se dressant comme des organes privilégiés de support et de médiation aptes à favoriser sa pleine réalisation. Ce qui à partir du milieu de la première décennie du siècle a été nommé « réseau social » témoigne d'une singulière collusion entre le désir partout affirmé et alors banalisé de revendiquer et d'affirmer sa singularité, et des architectures techniques supposées conçues pour l'exalter par la « libre » mise à disposition de systèmes destinés à exprimer ses intérêts, à faire valoir ses opinions et à être en relation avec un nombre infiniment élargi de personnes.

Environnement qu'offraient en théorie ces plateformes, mais dont on n'a pas su voir dès leur émergence qu'elles étaient agencées et détenues par des firmes privées qui, au-delà de leur apparence affichée de convivialité, ne visaient qu'à capter le plus intensément l'attention des membres en vue de leur plus haute monétisation. C'est une *reprise encadrée* de l'expression individuelle, son hyperstimulation, son inclusion dans un projet industriel qui se sera produit, visant *in fine* la dissémination continuellement soutenue de données à *caractère personnel.*

Projet non dit qui ne pouvait donner toute sa mesure qu'à une seule condition : instituer chaque être comme étant l'« acteur majeur » de son « expérience sociale numérique » et situé au « cœur du dispositif », à l'intérieur duquel il est accordé la licence de vivre des séquences d'existence supposées davantage soumises à *sa propre loi* et délivrées de nombre de pesanteurs à l'œuvre dans le quotidien.

Le succès planétaire rencontré par Facebook depuis sa mise en ligne initiale en 2004 a généré une myriade de discours qui tous semblent avoir occulté le ressort fondamental qui structure de part en part la plateforme, à savoir qu'elle représente un dispositif technique hautement élaboré prioritairement destiné à *flatter* « l'individu-roi » contemporain. C'est du côté de « l'expérience utilisateur » qu'on peut suivre ou décrypter, comme à la trace, la formation d'un sujet érigé en maître absolu de son environnement social en ligne. Chaque usager est appelé à nouer des « affinités sélectives » par la transmission de requêtes ou par l'acceptation de « demandes d'amitié ». Si la dimension de sollicitation que recouvre l'envoi d'une invitation peut parfois relever d'un exercice délicat, puisque non fondé sur une réciprocité immédiate, chaque proposition personnellement reçue est généralement perçue comme une forme d'estime manifestée à l'égard de sa propre personne. Sensation entretenue par la licence ou non d'y répondre, suivant des temporalités plus ou moins lâches, supposant la constitution de son entourage en fonction de son bon vouloir, d'après un ascendant s'affirmant sur un schéma strictement binaire – autorisation / refus – qui ne trouve aucun équivalent formel dans d'autres cadres usuels de la socialité.

Posture amplifiée par la possibilité à tout moment de « défriender » quiconque de sa liste, confortant une toute-puissance libre de « nettoyer » à sa guise le champ de son voisinage, sans discussion médiatisée par la parole ou l'échange *de visu*, sur un simple clic, sans rapport avec ce qui se joue ordinairement dans les relations physiques, toujours soumises à des formes de souplesse et de négociation, à l'écart de toute structure unilatérale. Un « seuil d'autocratie » peut encore être franchi par la faculté de « signaler / bloquer un ami », généralement suite à un commentaire déplaisant ou divergeant, ou à une séparation amoureuse, instituant désormais le « réseau social » comme l'instance primordiale appelée à signifier et à entériner aux yeux de l'autre, et parfois au vu et au su de tous, la rupture nette et définitive d'un lien ou d'une liaison. Le facebooker-maître se radicalise ici le temps d'un geste en un facebooker-tyran, disposé à couper sans ménagement des têtes, jouant de l'excommunication à son gré.

Ce sentiment de maîtrise a récemment été consolidé par l'instauration de nouvelles règles de confidentialité, permettant d'ajuster ses préférences portant sur le degré de visibilité consenti à l'égard de sa page, à l'attention de sa sphère ou de la totalité des autres utilisateurs du réseau. Cadre qui a renforcé l'impression de pouvoir « gérer » aisément sa « réputation » et qui a fait dire que les options de paramétrage autorisent chaque subjectivité à définir comme bon lui semble ce qui doit relever ou non de sa vie privée, contribuant à redéfinir au passage des normes historiques bourgeoises supposées obsolètes. Mais ce qui n'a pas été saisi ici, c'est qu'il ne s'agit que d'une illusion laissant croire à une emprise sur ses propres traces, sans voir que l'intégralité des données à caractère personnel appartiennent sans durée limitée à leur exclusif propriétaire : la *firme Facebook*. Jeu de dupes où l'on saupoudre d'un côté pour dévorer de l'autre, suivant une structure qui associe habilement une chimère de l'autonomie de la décision et un dessaisissement de droits qui devraient pourtant revenir aux utilisateurs.

Omnipotence subrepticement soutenue par une ergonomie ingénieuse, consistant à situer « au sommet » de chaque fenêtre de publication l'image du profil, les nom et prénom. Tout post devant systématiquement se ranger « au bas » de ce thème. Agencement graphique qui crée une « scénographie en surplomb » de la signature, situant symboliquement l'auteur au-dessus de son message, à l'exact inverse de la règle commune plaçant l'attestation dans la partie « inférieure » d'un document. Subtil jeu de design qui aura concouru à faire apparaître les conditions d'une hallucination rhétorique contemporaine, exposant la majorité des utilisateurs parlant désormais d'eux-mêmes à la troisième personne du singulier. Atmosphère intensifiée par le « mur » qui encourage les échanges entre les membres, souvent tenus par deux d'entre eux discutant de façon quasi intime, mais à la vue de tous, comme si l'importance des propos méritait qu'ils soient publics alors qu'ils relèvent généralement du privé. Théâtralisation ou exhibitionnisme de la parole induisant par cet entre-deux communicationnel hybride – *on cause entre nous, en sachant pertinemment que tout le monde peut nous suivre* – une impulsion jouissive à l'occasion de la rédaction de chaque commentaire. On peut parier sans risque que s'ils n'étaient pas visibles, ils se dégonfleraient d'eux-mêmes et n'auraient pour la plupart jamais lieu en « MP » (messagerie privée) comme on dit en jargon local.

Enfin, le cœur du dispositif c'est la très ingénieuse invention du « *like* », ce pouce levé supposé manifester d'un doigt l'assentiment. Mécanisme qui veut que chaque texte ou image est appelé à être redoublé par un principe sommaire d'approbation qui par sa seule signification favorable, « *j'aime* », comble l'ego lors de chacune de ses récurrences, contribuant à confirmer indéfiniment la valeur de sa propre personne, suivant une conviction sans équivoque puisque validée par sa communauté de contacts. Procédé qui s'étale dans la durée, et qui appelle conséquemment à revenir régulièrement sur le site afin de suivre ses « taux de réussite ». Où il se vérifie que la flatterie pousse certes à une intensive fidélisation, mais davantage à la compulsion, car le *like*, par son impact symbolique, représente le « *shoot* » quotidien sans fin suscité et espéré par le docile facebooker. Mais il arrive, comme un fait malheureusement indissociable du système, que des posts ne recueillent que peu de retours, voire aucun. Rappel de la cruauté du réel, de laquelle sont préservées les stars de certains cercles qui, quelle que soit la nature de leur message, sont gratifiées de monceaux de pouces dressés, induisant une forme de hiérarchisation au sein de l'horizontalisation supposée du réseau. C'est la règle du jeu inévitable, la compagnie ne s'étant pas encore aventurée à dispenser des *like* robotisés déterminés par des algorithmes chargés de consoler les « rois nus » du moment.

Cet « écosystème » aujourd'hui parfaitement ordonnancé ne renvoie pas à une stratégie initialement délibérée, mais à un cheminement qui s'est peu à peu précisé, visant *in fine* à constituer la plus grande base de données comportementales de la planète, en vue de sa plus haute exploitation commerciale. C'est l'inconséquence du mythe naïf d'une supposée « neutralité de la technique » qui se confirme, exposant tout au contraire la puissance d'*infléchissement* induite par les logiques de programmation sur les comportements. Certes, des jeux de réappropriation restent possibles, mais ils s'inscrivent néanmoins à l'intérieur de structures formelles au large pouvoir déterminant. C'est la question éminemment *politique* de l'interface qui s'impose ici, majoritairement accaparée par quelques groupes privés, programmeurs et designers, uniquement intéressés à mobiliser *coûte que coûte* et le plus intensément les consciences.

Architecture générale qui ne consiste pas à pousser à l'adoption de tel type de langage, ou à la formulation de tel type de narration ou de réflexion, non, les personnes dans le respect des règles internes et du droit peuvent exprimer ce que bon leur semble. La norme quasi imperceptible réside ici dans l'agencement d'un cadre surcodifié qui ne vise qu'à édifier l'image d'un individu libre et surpuissant, et qui, par le fait de cet environnement éminemment avantageux, excite chacun à s'enivrer sans fin de l'expression de soi, prolongée et renforcée par la clameur publique. C'est cela qu'occultera toute sociologie des usages, dont certains des tenants peuvent affirmer à l'instar de Danah Boyd que certes, « c'est compliqué », supposant que des procédés de singularisation demeurent toujours ouverts, mais qui dans les faits entérinent les logiques en place, jusqu'à les ignorer ou à les absoudre [15]. Une *analytique des structures* ne représente pas un mode d'approche « complémentaire », elle compte dévoiler la vérité plus ou moins manifeste des soubassements et l'intentionnalité à laquelle ils répondent, et affirme sans nuance que c'est seulement par la déconstruction des mécanismes à l'œuvre, et l'élaboration de constructions fondées sur de tout *autres* principes, que des *usages pleinement singularisés deviendront effectivement possibles.*

## –5
# GOOGLE GLASS : LA PRIVATISATION DE L'ATTENTION [16]

Les Google Glass et autres lunettes connectées ne s'inscrivent pas dans une linéarité qui prolongerait comme « naturellement » les ordinateurs personnels, les smartphones et les tablettes. Elles témoignent du *franchissement d'un seuil*, ne se présentant plus comme des technologies portables, consultables ou manipulables de temps à autre, mais comme des *protocoles intégrés* appelés à s'adjoindre sans plus de rupture spatiotemporelle à l'expérience. Car elles intensifient le rapprochement continu opéré avec le corps par l'industrie informatique, ne se contentant plus d'offrir davantage de miniaturisation, ou un rapport tactile intensifiant le « cadre de la relation », mais s'*incorporent* avec légèreté au visage, exposant des textes et des images fondus à l'un des deux verres.

Dispositif qui parfait le principe de la *réalité augmentée*, qui consiste à superposer des informations sur un écran simultanément à notre perception naturelle des choses, et qui était déjà à l'œuvre depuis les années 1990 dans le cadre d'activités professionnelles spécifiques, relevant principalement du domaine militaire, de l'avionique, de la maintenance industrielle ou de la chirurgie. Depuis la généralisation des smartphones, c'est au biais de multiples applications qu'elle s'est massivement déployée, permettant de découvrir nombre d'indications relatives à l'environnement immédiat *via* l'utilisation du viseur photographique. Si la facilité d'usage a contribué à généraliser la pratique, elle restait néanmoins conditionnée à l'expression d'une volonté et d'un geste délibérés. Le port maintenu entraîne le passage du stade occasionnel à celui d'une condition constitutive du quotidien.

On peut tenir les lunettes connectées comme le parangon de la sophistication technologique contemporaine, fondée sur l'extrême puissance des processeurs, l'intégration nanométrique de certains composants et un design industriel capable d'amalgamer en une seule unité nombre d'éléments hétérogènes. Néanmoins, ce qui, à la différence d'autres modèles, spécifie les Google Glass, c'est qu'elles *bénéficient directement* de la haute maîtrise de la science de l'indexation développée par la maison-mère, pouvant faire apparaître sans « perte de signal » toute indication « pertinente » à l'attention de chaque individu. Mécanisme qui suppose de percevoir sur l'un des deux yeux des informations qui certes peuvent provenir de l'Internet par commande vocale ou manuelle, mais qui ne correspond pas à sa fonctionnalité majeure, qui consiste à afficher toutes sortes de renseignements adaptés à chaque être sans intention préalable de sa part. Automatisation d'une partie du champ de la vision ne requérant pas de décision initiale, qui représente l'acmé du processus de la prise en charge robotisée de la conduite des personnes.

Le système n'expose pas un « surcroît de réalité », mais crée des cadres de perception indéfiniment ajustés aux profils et contextualisés aux différentes localisations. C'est toute l'histoire du modèle économique de la « gratuité » du Web fondé sur le suivi individualisé des navigations à l'œuvre depuis la fin des années 1990, et qui n'a cessé de s'affiner et de se perfectionner, qui trouve son cadre parfait d'expression. Ici la dimension d'individualisation « fait corps » avec celle d'une subjectivité *orientée*, au prisme de critères qui visent à faire continuellement correspondre les personnes à leurs besoins ou désirs supposés, induisant une *privatisation de l'attention*. Phénomène qui participe du processus de dissolution progressive de l'« espace public » entamé depuis quelques décennies par la marchandisation croissante des villes, et annonce la « fin de la publicité », entendue comme la formulation d'un message clos indistinctement adressé à quiconque, au profit d'*incrustations dynamiques personnalisées* indéfiniment relancées : « Repérer une robe dans la rue, la prendre en photo grâce aux Google Glass, se voir proposer l'équivalent dans la collection Kiabi et recevoir sa "*wish list*" sur son smartphone pour passer commande en ligne et retirer l'article en magasin. Voici la nouvelle expérience shopping que propose l'application Kiabi Look, développée spécifiquement pour les lunettes connectées de Google par la société rennaise Niji[17]. »

Si, selon le psychologue et philosophe américain William James (1842-1910), « notre expérience se définit par ce à quoi nous acceptons de prêter attention[18] », c'est à un inévitable renversement de la formule auquel il faut procéder, constatant que notre expérience est appelée à se définir ou à se constituer en fonction de ce à quoi des robots numériques s'attacheront à *nous faire prêter attention*. Ce n'est plus seulement la décision humaine que nous déléguons progressivement à des systèmes, c'est également une large part de notre perception qui est vouée à être ordonnée par des algorithmes.

Principe qui s'accompagne du privilège historique occidental accordé à la vision, érigée comme le sens majeur, et qui ici devient outrageusement dominateur, s'inscrivant dans le prolongement d'une généalogie rationaliste faisant de l'œil l'instrument privilégié d'un rapport embrassant le champ d'horizon au-delà des strictes limites du corps : « L'œil est le maître de l'astronomie. C'est lui qui fait la cosmographie. Il conseille et corrige tous les arts humains. [...] L'œil transporte l'homme dans les différentes parties du monde. Il est le prince des mathématiques. [...] Il a créé l'architecture, la perspective et la divine peinture. [...] C'est lui qui a ouvert la navigation » (Léonard de Vinci[19]). Il ne relève pas du hasard que Descartes avait accordé dans *La Dioptrique* une place prépondérante au regard, au nom de sa capacité à nous mettre à juste distance des choses et à favoriser une prise d'action adéquate. «Toute la conduite de notre vie dépend de nos sens, entre lesquels celui de la vue étant le plus universel et le plus noble, il n'y a point de doute que les inventions qui servent à augmenter sa puissance ne soient des plus utiles qui puissent être[20].» Les Google Glass prolongent cette «vision cartésienne», produisant dans les faits davantage qu'une «augmentation» de la réalité, un accroissement de notre pouvoir à la pénétrer et à la maîtriser, qui s'accompagne indissociablement de l'exaltation d'une relation prioritairement *fonctionnaliste* entretenue avec le milieu.

C'est encore le rapport aux autres qui est redéfini par des procédés de reconnaissance faciale, qui non seulement autorisent l'identification immédiate des personnes, mais également la consultation d'informations les concernant. Le concept d'altérité, qui nomme la spécificité biologique et historique de chaque être autant que son irréductibilité à être soumis à une appréhension objectivée et close, se dissout, *exposant* chacun telle une surface informationnelle indexée en temps réel, de surcroît susceptible d'être évaluée *a priori* d'après de multiples critères *personnalisés*. C'est le paradigme social qui est de part en part modifié, non plus tramé par la différence ontologique fondamentale tenue d'en appeler à l'intuition, aux jeux de regard, à la conversation, à un langage commun, à un effort de compréhension mutuelle, et qui vire à une forme de *transparence interindividuelle* déterminant le cadre initial de la relation, ou celui de son évitement unilatéral ou réciproque.

Les Google Glass se portent également comme un masque sournois mais qui, à la différence de lunettes de soleil et de leurs verres teintés dissimulant le regard, permettent de saisir *via* une commande imperceptible et en toute discrétion des images des personnes et de les poster aussitôt, renforçant comme jamais la propension anthropologique au voyeurisme, voire à la dénonciation[21]. Car elles vont contribuer à généraliser le troublant phénomène du « partage *live* de la vision[22] », instaurant une *subjectivité mémorisée et publicisée*, soit une sorte de film continu de sa vie pouvant être suivi par des proches, des cercles de contacts ou des inconnus[23].

Dispositif qui élimine enfin le « hors-champ » dans le « cadre » de l'expérience, faisant du lien entre chaque chose perçue par les sens et l'information incrustée sur le verre l'*objet unique de l'attention*. Acmé de l'économie de l'attention, qui de surcroît ambitionne de neutraliser toute dispersion cognitive que les différents protocoles numériques successifs avaient pourtant occasionnée, pour imposer maintenant une mobilisation perceptive exclusive déployée au long du quotidien, alimentée par un *régime computationnel binaire* englobant ou *totalisant*.

Ce qu'aura inventé la perspective du Quattrocento, c'est la codification d'un *espace commun*. La perception singulière de chaque être se trouvait placée du *côté ouvert* d'un cône imaginaire dont l'extrémité opposée se confondait avec une ligne de fuite, faisant converger vers un *horizon partagé* toutes les subjectivités virtuelles. Disposition qui dépassait le seul cadre de la représentation pour s'instituer comme le socle d'une culture fondée sur des bases universelles autorisant et favorisant une compréhension sans distorsion majeure entre les citoyens. Les Google Glass inversent l'orientation du cône, dont le « point de vue » est formé par la réserve infinie d'offres prioritairement commerciales, indéfiniment modulées et tendues vers le *but unique* constitué par chaque « individu-consommateur ». Ce que cette permutation induit, c'est la disparition d'un ensemble *fédérateur*, pour l'édification de plans de perception robotiquement *distribués, parcellisés*, et systématiquement *distincts*. C'est la désintégration de tout horizon universel qui pointe, qui ne signale pas la fin de l'humanisme renaissant qui depuis longtemps a trépassé, mais celle d'une *perspective commune*, désormais fissurée par des technologies et des intermédiaires – prioritairement Google – qui fragmentent et déterminent la forme de l'expérience en devenir, continûment *personnalisée* ou définitivement *dissociée*.

C'est à cela qu'aura conduit l'exploitation technico-économique du mouvement historique d'individualisation : à son *dévoiement* ou à son *détournement* vers la recommandation personnalisée, induisant des formes inédites, universalisées et en partie insaisissables de normativité. Le processus d'affranchissement, qui cherchait en théorie à instaurer des relations plus consenties et ouvertes à l'égard de l'ensemble social et des autres, s'est retourné sur lui-même, s'est inversé, opérant un *repliement* de chacun sur sa sphère propre et ses habitus, virtuellement indifférent ou aveugle à tout hors-champ computationnel. L'ère de la personnalisation robotisée signale l'agonie ou la fin de la société, entendue comme un ensemble *intégrant* chaque subjectivité singulière au sein d'une large entité composite, supposant *de facto* des règles, des liens, des différences et des conflits.

Davantage qu'un individualisme exacerbé ou un égoïsme sans limite qui caractériseraient notre contemporanéité, c'est une forme de *spiritualité* telle que définie par Gilbert Simondon qui s'évapore, celle qui, *par un esprit commun*, unit ou oppose les êtres, et qui peu à peu se volatilise dans le *lien direct* établi par le « capitalisme cognitif » avec chaque individu, instituant subrepticement une *aséité* universalisée. Notion à la racine latine (*a se*, pour soi-même et par soi-même) qui nomme la « modalité d'un être qui possède en lui-même le principe propre de son existence, soit un attribut propre à Dieu » (Larousse). « La spiritualité est la signification de l'être comme séparé et rattaché, comme seul et non seul. [...] La spiritualité est la signification de la relation de l'être individué au collectif, et donc par conséquent aussi du fondement de cette relation, c'est-à-dire du fait que l'être individué n'est pas entièrement individué ; mais contient encore une certaine charge de réalité non-individuée, pré individuelle, et qu'il la préserve, la respecte, vit avec la conscience de son existence au lieu de s'enfermer dans une individualité substantielle, une fausse aséité[24]. »

# V

# –

# DE LA SURVEILLANCE NUMÉRIQUE AU DATA-PANOPTISME

—1
# LA VÉRITÉ NSA DU MONDE

Le 5 juin 2013, Glenn Greenwald, alors chroniqueur auprès du quotidien britannique *The Guardian*, révélait sur son blog que l'Agence de sécurité nationale (NSA) bénéficiait d'un accès illimité aux données de Verizon, un des principaux opérateurs téléphoniques et fournisseurs d'accès Internet américains. La copie de la décision de justice confidentielle est publiée, attestant de l'obligation imposée à l'entreprise de fournir les relevés détaillés des appels de ses abonnés. « Ce document démontre pour la première fois que sous l'administration Obama, les données de communication de millions de citoyens sont collectées sans distinction et en masse, qu'ils soient ou non suspects », commente-t-il sur la même page. Dès le lendemain, d'autres faits décisifs sont dénoncés : neuf des plus grands acteurs américains de l'Internet (Google, Facebook, Microsoft, Apple, Yahoo, AOL, YouTube, Skype et PalTalk) permettraient au FBI (la police fédérale) et à la NSA de récupérer certaines données de leurs utilisateurs par le biais d'un système hautement sophistiqué baptisé Prism, dont il aurait été régulièrement fait usage depuis 2007. Informations confidentielles à l'origine détenues et « fuitées » par Edward Snowden, jeune informaticien, ex-employé de l'Agence centrale de renseignement (CIA) ayant ensuite officié pour différents sous-traitants de la NSA.

Le « lanceur d'alerte » avait légitimé son geste en jugeant que de telles pratiques mettaient en péril la vie privée et engageaient en toute conscience son devoir de citoyen à les divulguer, malgré les risques de poursuites encourus. Les entreprises incriminées avaient aussitôt démenti cette version, laissant néanmoins supposer que ces procédés avaient pu être utilisés mais sans leur accord explicite. De nombreuses autres révélations se sont à la suite succédé, qui ont dévoilé que la NSA aurait placé sur écoute les téléphones portables d'une trentaine de chefs d'État ou de gouvernement, que des milliards de communications en France, en Espagne, en Italie et dans bien d'autres pays auraient tout autant été interceptées, ou que des logiciels malveillants auraient été implémentés au sein de millions d'ordinateurs, permettant de suivre les navigations Internet. Il ne s'agit là que de quelques faits saillants parmi bien d'autres, extraits de documents composés de plusieurs milliers de pages qui témoignent d'une puissance qui semble n'être confrontée à aucune limite théorique ou pratique. Divulgations qui avaient aussitôt suscité un afflux de commentaires de tous ordres, relatifs aux méthodes pour large partie illégales déployées par l'agence de renseignement, en collusion plus ou moins tacite avec la Maison Blanche.

Si ces usages sont éminemment répréhensibles, il ne faut les considérer que comme une composante de la « banalité de la surveillance contemporaine » qui, dans les faits, se déploie à tout instant, en tout lieu et sous diverses modalités, la plupart du temps avec notre propre consentement. Car ce qui se joue ici ne relève pas de pratiques isolées, principalement « localisées » aux États-Unis et menées par les seules instances gouvernementales, dont il faudrait s'offusquer au rythme de révélations successives. C'est dans leur valeur symptômale qu'elles doivent être saisies, en tant qu'elles sont particulièrement emblématiques de phénomènes globalisés, rendus possibles par la conjonction de trois facteurs hétérogènes et concomitants. Sorte de « bouillon de culture » qui se serait formé vers le début de la première décennie du XXI^e^ siècle et qui a autorisé l'extension sans cesse croissante de procédures de suivi, d'une ampleur et d'une profondeur sans commune mesure historique.

D'abord, c'est l'expansion ininterrompue du numérique depuis le début des années 1980, plus tard croisée aux réseaux de télécommunication, qui a conduit vers le milieu des années 1990 à l'universalisation d'Internet, soit l'interconnexion planétaire en temps réel, favorisant la dissémination de traces personnelles et leur récolte imperceptible par des myriades d'entités. Ensuite, l'intensification de la concurrence économique a encouragé l'instauration de stratégies marketing agressives, cherchant à capter et à pénétrer toujours plus précisément les comportements des consommateurs, grâce au suivi des navigations, ou autres achats par cartes de crédit ou de fidélisation. Enfin, les événements du 11 septembre 2001 ont contribué à généraliser un *profilage indifférencié* du plus grand nombre d'individus de la planète, afin de détecter la fomentation de projets malveillants. Autant de facteurs qui depuis ne cessent de se densifier et de se soutenir mutuellement. Les *Big data*, soit la profusion de données disséminées par les corps et les choses, se substituent en quelque sorte à la figure unique et omnipotente de Big Brother en une fragmentation éparpillée de serveurs et d'organismes qui concourent séparément et ensemble à affiner la connaissance des personnes en vue d'une multiplicité de fonctionnalités d'ordre prioritairement sécuritaire et commercial.

L'affaire Prism a certes divulgué des faits décisifs, mais dont une partie était déjà connue depuis la fin des années 1980[1]. Ce qu'elle a surtout exposé, c'est l'ampleur, jusque-là inimaginable, de la récolte colossale et tous azimuts de données à caractère personnel, autant que l'extrême sophistication de certains procédés qui permettent de saisir « à la racine » toute la clameur du monde. Historiquement, l'activité du renseignement exigeait d'aller activement rechercher des informations, de dépêcher des agents sur des lieux identifiés ou des zones géographiques éloignées, d'établir des réseaux d'indicateurs et de traiter à des rythmes intermittents les différentes sources.

Là où auparavant il fallait sortir des murs des institutions, il ne suffit plus aujourd'hui que de se brancher en toute discrétion à des nœuds de connexion, d'intercepter les flux de données et de les soumettre à des algorithmes complexes chargés de signaler les degrés de dangerosité ou d'émettre des alertes.

Ces pratiques sont désormais adoptées par la quasi-totalité des agences gouvernementales; néanmoins ce qui caractérise la NSA, c'est l'importance de ses moyens financiers, la sophistication de ses infrastructures techniques et la qualité des compétences humaines dont elle dispose, celles notamment de programmeurs, de mathématiciens ou de spécialistes des sciences comportementales. L'institution a très tôt compris que l'intelligibilité du réel se constituerait dorénavant «au prisme» des traces numériques; l'enjeu consistant à les récolter de toute part et sans restriction de volume, conformément au paradigme du «*collect it all*». C'est pourquoi elle s'est dotée depuis l'automne 2013 d'un gigantesque centre de stockage et de traitement de données situé dans l'Utah, qui serait capable de stocker l'équivalent de plusieurs décennies de communications mondiales ou d'analyser simultanément plus d'un yottaoctet d'informations.

Ce qui a été découvert, tant en creux que frontalement par Edward Snowden, c'est que le processus en voie d'achèvement de numérisation intégrale a rendu possible le principe technique et cognitif d'une visibilité continue des êtres et des choses. Car au-delà d'activités spécifiques, c'est un *ethos* contemporain qui s'est soudainement dévoilé, celui qui adosse de façon toujours plus permanente les existences à des opérations computationnelles, qui induisent en retour et indissociablement des procédures de suivi et de mémorisation imperceptibles. C'est un puissant mouvement indéfiniment expansif qui est à l'œuvre, qui s'est instauré et universalisé en à peine deux décennies, et qui plutôt que d'être appelé à s'atténuer, notamment par le fait de révélations, de digues juridiques partielles ou de fortune, va au contraire s'amplifier et déterminer de part en part la marche du monde ou les conditions de son « bon » fonctionnement. Le fait majeur, qui à la fois prolonge cette séquence historique et lui fait passer un seuil encore plus critique, renvoie à l'implémentation en cours et tous azimuts de capteurs qui va contribuer à intensifier sans commune mesure l'ampleur des données produites et *témoigner* de la quasi-totalité des gestes du quotidien autant que des mouvements de la société dans leur ensemble.

C'est pourquoi nous passons actuellement du régime de la surveillance numérique qui aura caractérisé les années 1995-2015[2], à un DATA-PANOPTISME, non pas détenu par quelques figures omnipotentes, la NSA ou d'autres entités, mais entretenu et exploité de partout, avec pour objectif prioritaire d'offrir des services et d'assurer le plus grand « confort de tous ». Dimension qui confirme la formule proprement visionnaire énoncée par Ivan Illich selon laquelle « au-delà de certains seuils, la production de services fera à la *culture* plus de mal que la production de marchandises a déjà fait à la *nature* ». Le principe de la surveillance comme modalité de captation masquée et inévitablement partielle des informations se marginalise, au sein d'un contexte où la collecte tacite et ininterrompue de données est appelée à déterminer l'*usage même* de fonctionnalités de tous ordres. Désormais, nous entrons dans une ère où c'est l'*expérience même du monde* qui va générer une dissémination perpétuelle et exponentielle de traces, non plus traitées en vue de savoir qui fait quoi, mais afin de permettre à chacun de vivre « sans encombre » à l'intérieur d'un environnement de part en part interconnecté ou « sensible », faisant de la connaissance granulaire et évolutive de tous les phénomènes une condition universelle et nécessaire de l'existence.

## – 2
# UN TÉMOIGNAGE INTÉGRAL DE LA VIE

La surveillance numérique s'appuyait sur une architecture technologique composée de plusieurs couches distinctes, qui se relayaient et s'emboîtaient parfaitement entre elles, lui assurant une pleine et haute efficacité. Elle trouva ses conditions initiales de formation dans le processus de numérisation entamé à l'aube des années 1980, plus tard prolongé par l'interconnexion universalisée, qui ensemble rendirent possible la constitution de bases de données indéfiniment extensives, de surcroît soumises à des modes de traitement sans cesse perfectionnés. En 1995, le système satellitaire américain GPS (Global Positioning System) devint opérationnel et recouvrit l'ensemble de la planète. En 2000, Bill Clinton décida sa libre mise à disposition à l'attention du domaine civil sans dégradation du signal, inaugurant le principe d'une géolocalisation aisée des êtres et des choses. Durant la même période, la vidéosurveillance ne cessa de s'étendre et passa du régime analogique au numérique, permettant notamment de relier les images à des logiciels de reconnaissance de visages ou de formes.

Au tournant des années 2000, la fiabilité avérée de la biométrie, soit la réduction de certaines parties du corps à des codes indexés et stockés, a généralisé l'identification ou l'authentification automatisées des individus. Enfin, les courbes invariablement en hausse du commerce en ligne, ainsi que l'essor des réseaux sociaux, ont contribué à générer des masses de données exposant toujours plus précisément la nature des comportements. Modalités spécifiques et articulées entre elles, qui ont formé au cours des quinze dernières années le socle d'une surveillance capable de suivre de près les conduites et de déployer un rayon d'action virtuellement global. Observatoire qui a été pour majeure partie édifié et entretenu par des groupes privés, auprès desquels des instances étatiques de renseignement pouvaient – légalement ou non – venir s'agréger.

Le mouvement en cours d'implantation tous azimuts de capteurs pourrait laisser penser qu'il va contribuer à parfaire l'ensemble du système, or plutôt qu'un perfectionnement, c'est un changement de paradigme qui s'opère. Car l'édification de surfaces sensibles va instaurer un témoignage de tous les gestes de la vie, dressant des cartographies multi-sources, détaillées et évolutives. Là où réside la singularité du phénomène, ce n'est pas tant dans la mesure abyssale de la dissémination de données à caractère personnel. C'est le fait majeur et encore non manifeste qui conduira, à terme, à ce que la possibilité même de l'utilisation des objets nous environnant sera conditionnée au traçage et à la mémorisation des actes menés par de multiples instances tierces. Par exemple, la Google Car ou d'autres voitures conçues pour assurer une prise en charge automatisée de la conduite, appelées d'ici la fin de la deuxième décennie du XXI^e^ siècle à être mises sur le marché, procéderont systématiquement à la reconnaissance des passagers montant à bord, à la collecte des données relatives aux trajets, aux activités déployées à l'intérieur, telles que la lecture sur tablette, l'écoute de musique ou le visionnage de films, ou celles déployées en cours de route : arrêt à une station-service, pause dans un restaurant, courses dans un supermarché. Dispositif qui non seulement représentera la base d'un nouveau type de savoir sur les personnes, possiblement corrélé à d'autres informations, et qui supposera encore que la mise en marche même du véhicule sera indissociable d'un suivi continuellement évolutif, qui déterminera encore l'approbation ou non des ordres par les processeurs.

C'est exactement cela qui est en jeu, le lien à venir désormais consubstantiel entre l'usage d'un objet et la connaissance de l'utilisateur, non seulement en vue d'affiner sans cesse la qualité des services fournis, grâce aux facultés d'auto-apprentissage dont sont désormais dotés les systèmes, mais également afin d'autoriser ou non son emploi. Le personnage principal d'*Ubik*, de Philip. K. Dick (1966), ne peut s'introduire dans son domicile que s'il insère une pièce de monnaie dans la serrure de sa porte, qui lui annonce de temps à autre l'impossibilité d'entrer chez lui faute d'avoir versé le montant nécessaire. Un demi-siècle plus tard, cette fiction se réalise suivant une forme davantage sophistiquée, vouée à soumettre à des procédés d'authentification et de validation les êtres et leur conduite.

« Qui suis-je désormais, se demande le Prométhée d'aujourd'hui, bouffon de son propre parc de machine[3]. » La version contemporaine de cette question théorique posée par Günther Anders au cours des années 1950 appelle à modifier les termes et à se demander non pas qui nous sommes, mais qui décide de nos actes, et par qui leur réalisation est-elle appelée à être approuvée, encadrée et suivie ? On l'a compris, la réponse est : par des systèmes, qui à la fois *suggèrent* et *vérifient* la *conformité* de nos gestes, à l'instar des procédés de navigation initiés par Airbus au milieu des années 1980, dont les commandes entreprises par les pilotes sont systématiquement soumises à la vérification en temps réel de leur concordance au vu de multiples paramètres et du contexte général. C'est une autre forme de « totalisation numérique » qui pointe, faisant de toute expérience la manifestation de gestes et de comportements transmise à des serveurs, et qui en retour va conditionner la possibilité même d'une expérience ultérieure. C'est cela le *data-panoptisme*, un entrelacement toujours plus « intime » entre les êtres et des algorithmes qui induit indissociablement une connaissance sans cesse approfondie des personnes, des faits et des choses, autant qu'une régulation automatisée du champ de l'action.

« L'avancée des technologies de l'information telle qu'incarnée par Google annonce la fin de la vie privée pour la plupart des êtres humains et entraîne le monde vers le totalitarisme[4]. » Formule prononcée par Julian Assange, qui reste prisonnier de concepts historiques aujourd'hui inopérants l'empêchant de saisir la nature spécifique des phénomènes actuellement à l'œuvre. Car nous n'avons pas ici affaire à un totalitarisme, entendu comme un mode autoritaire et coercitif d'exercice du pouvoir, mais à une sorte de pacte tacite ou explicite qui lie, *a priori* librement, les individus à des myriades d'entités chargées de les assister, suivant une continuité temporelle et une puissance d'infléchissement qui prend une forme toujours plus *totalisante*. La notion de vie privée prenait son origine dans une conscience moderne qui estimait nécessaire de garantir aux êtres une part irréductible leur revenant en propre, ne devant pas être exposée à l'attention d'autrui. Acquis social et culturel redevable de l'esprit humaniste, qui renvoie à une période qui aura principalement couru du début du XIXe à la fin du XXe siècle. Désormais, nous passons de l'âge de la vie privée à celui de la *vie privatisée*, qui adosse tendanciellement tout acte à des protocoles élaborés et gérés par des acteurs économiques qui récoltent les traces émises et les monétisent.

La surveillance propre au début du XXIe siècle – particulièrement emblématique dans les pratiques de la NSA – revêt la forme d'une pyramide composée de trois paliers. Au sommet se situent les agences de renseignement qui analysent les informations majoritairement saisies auprès d'une couche secondaire, soit les instances commerciales, qui elles-mêmes suivent et mémorisent les comportements des individus à la source (couche primaire ou initiale). Ce n'est pas tant que cette partition se dissout, qu'elle est appelée à être supplantée par un régime d'« intérêt mutualisé » faisant non plus de la surveillance, mais de la *connaissance* à visée fonctionnelle des conduites, le cœur d'une visibilité globalisée, distribuée et indéfiniment exploitable de la vie des personnes. Changement de paradigme qui dissout la partition binaire distinguant d'un côté les surveillants et de l'autre les surveillés, pour faire apparaître un nouvel *ethos* de part en part ordonnancé par une boucle systématique et universalisée, qui veut que la récolte de données à caractère principalement personnel, suivie de leur traitement, détermineront la marche continûment optimisée des sociétés et des individus.

Comment nommer ce nouveau régime ? Il s'inspire en partie de la pratique historique de la surveillance qui suppose qu'un fonctionnement viable des sociétés est indissociable d'un suivi des personnes et des faits, mais il s'en distingue par deux caractéristiques. D'abord, il ne s'exerce pas d'après des modes dissimulés, mais se présente implicitement comme un processus inhérent à l'usage de tout protocole numérique. Ensuite, il n'opère pas de façon fragmentaire ou occasionnelle mais colle continuellement à l'expérience. C'est le passage d'une condition d'exception à une *condition normalisée ou banalisée* qui se trame. Alexandre Koyré affirmait que les grandes révolutions scientifiques modernes étaient des « révolutions théoriques », et que leur résultat fut « d'acquérir une nouvelle conception de la réalité profonde qui sous-tend les données de l'expérience[5] ». C'est un nouvel axiome théorique et pratique qui s'impose, faisant de tout fait de réalité un objet de codification, déterminant sans fin et de partout le cadre d'intelligibilité autant que les conditions de possibilité de l'action humaine.

## – 3
# LA VIE PUBLICISÉE

Le témoignage passif des êtres et des choses s'inscrit dans un esprit du temps. Celui qui encourage sous de multiples modalités le dévoilement consenti ou non des personnes, dont une large partie est soutenue et stimulée par les *technologies de l'expressivité*. C'est toute la logique propre de ce qui avait été nommé Web 2.0, soit l'horizontalisation facilitée et massive des relations entre les individus, qui a autorisé ce mouvement planétaire de narration partagée des existences. Dimension qui s'accompagne simultanément d'un souhait paradoxal de préserver une part de son intimité, ou de ce qui est usuellement nommé « vie privée », renforcé par une lucidité naissante désormais consciente des effets de traçage tous azimuts induits par la numérisation expansive du monde. C'est un conflit persistant entre la *praxis* et les discours qui se trame. Néanmoins, au-delà des pétitions de principe, c'est la dominante des pratiques qui doit être prise en compte, celle qui veut que depuis une décennie, par les réseaux sociaux, les sites de partage d'images ou de vidéos, les blogs, une exposition volontaire et continue des comportements se généralise.

Car ce qui se joue ici, c'est l'universalisation de l'*idéologie de l'expressivité*, qui appelle à multiplier la publication en ligne de commentaires et d'images, comme si la subjectivité contemporaine se sentait pauvre ou incomplète si elle n'était pas prolongée par le récit indéfiniment maintenu de ses différents états à l'attention des autres. Le concept de vie privée, supposant qu'une part de soi ne devrait pas faire l'objet d'une observation par des tierces personnes, doit être revisité à l'aune de ces usages. Celle qui relevait des domaines domestique et familial, de la santé, des relations amoureuses ou sexuelles, marquant une séparation nette entre l'extériorité de la vie sociale et le droit juridiquement reconnu à bénéficier d'une intériorité préservée.

Dans les faits, les instances sécuritaires se désintéressent de la vie privée; elles récoltent certes des masses d'informations relatives aux individus, non pas en vue de les scruter à distance, mais afin que des *systèmes automatisés* puissent *déclencher des alertes* en fonction de paramètres déterminés et qui portent *in fine* sur un nombre restreint de personnes. De la même manière, les instances économiques et commerciales ne visent à la pénétration des conduites que dans une perspective fonctionnelle, cherchant principalement à faire émettre par des robots numériques des suggestions individualisées d'achat de biens et de services. Pratique qui ne relève pas d'une démarche indiscrète consistant à observer de façon masquée le quotidien, mais qui est seulement intéressée à dresser des *schémas de vie* évolutifs, dans l'objectif de mettre en lien direct toute personne avec toute offre jugée pertinente. Car contrairement à ce qu'affirme la *doxa* actuelle, ce n'est pas la vie privée qui est fragilisée par les procédures de suivi sécuritaire ou commercial. Ce qui actuellement contribue à la perturber ou à la décomposer, c'est davantage le *témoignage multi-sources des comportements*, dont l'exhibition récurrente des individus sous forme de textes et d'images constitue un levier majeur.

La notion de vie privée mue, ou s'effrite, glissant de ce qui jusque-là pouvait être maintenu en droit à l'abri du regard d'autrui ou de l'attention sociale, vers une exposition délibérée de soi, par l'intermédiaire de commentaires ou de photographies relatifs à son travail, à ses intérêts, à ses états d'âme, à ses vacances, à ses enfants, à la décoration de sa chambre à coucher, etc. Elle prend maintenant la forme d'une *vie publiée*. Par exemple, dîner chez soi relève en théorie du dérobé, ce qu'on y mange ou ce qui s'y dit au cours des repas tout autant. Ce sont désormais ces types d'activités alors repliés qui font majoritairement l'objet de *publications*. La généralisation des *technologies de l'expressivité* en aura été la cause première, concourant non pas à « la fin de la vie privée » par la faute de funestes agences de sécurité ou d'implacables groupes économiques, mais à son rapide *retournement* ou dévoiement. Car nous continuons de penser la collecte des données en termes de surveillance, suivant une configuration binaire, en nous offusquant au gré des événements de certains procédés à l'œuvre, sans saisir que ce qui contribue à l'instauration d'un nouveau paradigme tendanciellement totalisant, c'est l'entrecroisement fatal entre le témoignage passif du quotidien, *via* des capteurs à terme omniprésents, et le dévoilement intentionnel des individus de tous les pans de leur existence. Composé corrosif qui redéfinit la tension liant le citoyen et le corps social, notamment fondée sur l'agrément partagé octroyant à chacun une part située en retrait, au profit d'une socialité qui prend son fondement même dans l'affichage régulier des actes de la vie, recouvrant nombre de dimensions qui étaient supposées, pour le respect de l'intégrité de tous, relever de l'inviolable.

C'est une manifestation quasi intégrale de soi qui s'institue par le fait de l'emboîtement de trois facteurs distincts. D'abord, par la dissémination passive, consciente ou non, de traces émises par les gestes, les localisations ou les états physiologiques. Ensuite, par l'utilisation toujours plus soutenue de protocoles interconnectés qui témoignent en temps réel de nombre de pratiques. Enfin, par la formulation sans fin répétée de faits relatifs au quotidien. Strates qui se nourrissent exclusivement de nos usages et qui alimentent de puissants systèmes d'agrégation de données. C'est cela le *data-panoptisme* : une visibilité tendanciellement continue de la vie tant entretenue par les personnes que par une myriade d'instances qui l'exploitent en vue de sa monétisation ininterrompue. Attitude schizophrène des individus, qui d'un côté prétendent à juste titre vouloir bénéficier du droit inaliénable à vivre une part de leur existence à l'abri des regards, et qui d'un autre côté adossent des pans de cette même existence à des systèmes conçus pour la divulguer sous diverses modalités aux yeux du monde.

Imaginons un instant à titre d'hypothèse qu'une entité puisse se saisir de l'intégralité de ces sources, que verrait-elle ? La situation physique, psychologique, intime, professionnelle, financière, granulaire, en temps réel et évolutive de milliards d'individus, ainsi que les grilles relationnelles et leur niveau d'intensité à échelle planétaire. Alors nous comprendrions la profondeur et l'étendue du *data-panoptisme*, qui partout et continuellement opère, mais nous ne le voyons pas, préférant focaliser notre attention sur quelques figures spectaculaires telle la NSA, alors qu'elle ne constitue qu'une de ses composantes minoritaires. Un jour, plus tard, probablement bientôt, nous découvrirons, ébahis ou effarés, à quel point une connaissance globale et détaillée de chacun de nous s'est rapidement constituée. C'est exactement ce que le port des lunettes connectées, notamment reliées à des logiciels de reconnaissance faciale, viendra ostensiblement exposer à nos regards ou à nos consciences subjugués.

Le *data-panoptisme* défait la structure frontale du Panoptique, il ne revêt pas non plus les contours d'un Big Brother unique et omnipotent, et ne s'incarne dans aucune instance ou formalisation privilégiées. Il s'impose par la multiplicité des nœuds qui se complètent les uns les autres, et qui terrassent progressivement toute zone dissimulée ou rétive à l'observation. Il découvre froidement le savoir toujours plus totalisant dont nous nous sommes dotés, qui dissout peu à peu toute séparation disjoignant les êtres ou les choses. Il n'est plus pertinent ou légitime de pointer dans la bonne conscience et d'un doigt accusateur quelques organismes malveillants ou diaboliques. C'est une condition globale de transparence que nous avons érigée, et dont l'assise autant que les conditions de sa pérennité et de son expansion dépendent prioritairement de nos modes de vie consentis et volontaires. « D'où a-t-il tant d'yeux qui vous épient, si ce n'est de vous ? » écrivait La Boétie dans son *Discours de la servitude volontaire*.

## – 4
# LA SUBJECTIVITÉ PARTAGÉE

La *spectacularisation du quotidien* peut franchir un seuil ou se radicaliser par l'instauration de pratiques d'un nouveau genre se tissant entre les membres d'une même famille, ou entre personnes liées par une amitié ou des intérêts communs à l'aide de technologies dédiées. C'est la propension naturelle ou foncièrement anthropologique à se regrouper, à liguer ses forces contre l'adversité, à faire face de façon tribale aux dangers inhérents à l'existence, qui trouve aujourd'hui l'occasion de s'intensifier. Au début des années 2000 fut conçu au Japon un protocole nommé Imadoko (« où es-tu ? ») qui, grâce à l'utilisation généralisée des téléphones portables et du GPS, permettait aux parents de suivre en temps réel la localisation de leur progéniture *via* des spatiocartes numériques visibles sur les mini-écrans équipant alors les mobiles. Système qui de surcroît pouvait déclencher un signal si un enfant dépassait les limites d'une zone préalablement circonscrite et enregistrée, et occasionner l'envoi éventuel d'une équipe chargée d'aller le récupérer sur place. Ce dispositif inaugurait la faculté technique plus ou moins communément admise au sein d'un cercle déterminé, à se suivre aisément et en continu sans effet de dissimulation.

Depuis, de nombreux protocoles similaires se sont développés, telle l'application FamilyMap commercialisée aux États-Unis par AT&T, qui indique sur smartphone le positionnement respectif des membres d'une famille et peut activer le cas échéant divers types d'alertes. Dans un esprit analogue, une montre spécifiquement conçue pour enfants les encourage, lorsqu'ils se sentent égarés ou en danger, à déclencher par une simple commande un mécanisme qui opérera des appels auprès de toutes les personnes autorisées. Procédures partagées de traçage, qui témoignent d'une récente disposition à soumettre un registre de ses actions à une visibilité conjointe. Retournement de la notion usuelle de surveillance entendue comme un acte délibéré visant à recueillir des informations à l'insu des personnes, pour l'instauration d'un pacte commun autorisant une exposition consentie de certaines dimensions de l'existence supposées relever jusque-là du domaine privé.

Propension appelée à s'intensifier et à « s'institutionnaliser » par le fait de la prolifération de capteurs, qui va entraîner un témoignage davantage étendu et approfondi des gestes, et leur consultation, *via* des applications dédiées, par des proches. C'est encore la multiplication d'objets connectés au sein de l'habitat qui conduira à la connaissance sur place ou à distance des pratiques domestiques (usage de la machine à laver ou de la cuisinière, produits consommés, actions menées dans le domicile, identités des personnes présentes...). Configuration en cours d'émergence qui induit un suivi supposé admis des expériences, brisant l'agencement historique propre au foyer occidental moderne, composé de pièces distinctes destinées à assurer autant que possible l'intégrité de chacun au sein d'un même ensemble. C'est cette structure datant de plus d'un siècle qui se défait au profit d'une vie *mutualisée*.

Les Grecs estimaient que la socialité appelait comme contrepartie impérative l'aménagement de sphères privées. Tension sensible dans les rapports étroits et indissociables qu'entretient le couple formé par Hestia et Hermès. La première représente la figure du foyer, de l'intimité, du soin porté au feu chargé d'une part sacrée. Le second renvoie à la circulation des corps, à l'activité publique, aux jeux de communication à l'œuvre dans l'espace commun de la Cité. Jean-Pierre Vernant a exposé dans quelle mesure la part dissimulée de l'existence conditionnait la vitalité du champ social, et réciproquement. La famille, usuellement perçue comme constituant la base de la structure sociale, pourrait désormais être comprise comme constituant la base de nouvelles modalités relationnelles n'accordant plus de temporalité ou d'espace retirés, ceux qui par exemple enjoignent implicitement aux parents de taper à la porte de la chambre de leurs enfants avant d'y accéder.

C'est une sorte de totalisation de la vie domestique qui s'instaure, refusant, à l'instar de ce qui actuellement se trame dans le champ social, toute part cachée, au profit d'une transparence intersubjective des comportements à des fins utilitaires. Effritement annoncé de toute dimension intime ou secrète, alors qu'elles participent pleinement du bien-être des individus placés « sous un même toit », notamment lors de la période structurante de l'adolescence qui aspire à de nécessaires formes de détachement. Cette tendance historique à rechercher la plus claire transparence peut se retourner subrepticement en son contraire : « J'ai un goût pour le secret, cela est clairement lié au sentiment de non-appartenance ; j'éprouve une peur voire une terreur en face d'un espace politique, par exemple un espace public, qui ne fait aucune part au secret. Pour moi, exiger que tout soit étalé sur la place publique et qu'il n'y ait plus d'espace intime de délibération est un signe flagrant de totalitarisation de la démocratie. Je peux reformuler ceci en termes d'éthique politique : si le droit au secret n'est pas maintenu, nous sommes dans un espace totalitaire[6]. »

Ce sont les concepts de familiarité et d'amitié qui subissent une redéfinition, non plus fondés sur l'écart consubstantiel à toute relation, mais sur une sorte de « mise en commun des subjectivités ». Émergence d'une nouvelle *proxémie*, qui renvoie à une notion élaborée par Edward T. Hall qui nomme le nécessaire intervalle séparant les personnes prises dans une même interaction, dont il a étudié les différentes « distances critiques » qui varient selon les situations ou les cultures : « En plus de son territoire inscrit dans un coin de terre bien délimité, chaque animal est entouré d'une série de “bulles” ou de “ballons” aux formes irrégulières, qui servent à maintenir un espacement spécifique entre individus[7]. » Les « bulles » encore restantes éclatent les unes après les autres, par l'entrelacement explosif entre l'aspiration ancestrale à connaître les gestes de ses proches, et des technologies de captation et d'interprétation des conduites qui ensemble concourent à l'édification d'une anthropologie naissante, qui associe indissociablement l'expérience subjective et son *accessibilité* en temps réel.

Procédés qui sont appelés à s'étendre à d'autres cercles, à d'autres dispositifs et à d'autres dimensions de l'existence, notamment *via* les « technologies de soi » ou les Google Glass et autres lunettes connectées, qui vont universaliser le principe d'une *vie consultable*. C'est la dissolution progressive de toute disjonction séparant les êtres qui se confirme, prenant la forme d'un *altéricide*[8], soit la décomposition de la figure de l'autre jusque-là entendue comme ne pouvant être intégralement soumise à la volonté d'autrui. Chacun recouvre pour chacun une valeur instrumentale, corroborant sous une autre forme le rapport utilitariste progressivement entretenu à l'environnement. Il deviendrait presque normal ou « naturel » que dans une telle configuration plus rien ne résiste à l'ambition d'être informé, à volonté et en vue de diverses fins, de la vie de tout être humain.

Georges Duby avait écrit que « la société féodale était de structure si granuleuse, formée de grumeaux si compacts que tout individu tentant de se dégager de l'étroite et très abondante convivialité qui constituait alors la *privacy*, de s'isoler, d'ériger autour de lui sa propre clôture, de s'enfermer dans son jardin clos, était aussitôt l'objet soit de soupçon, soit d'admiration, tenu ou bien pour un contestataire ou bien pour un héros, en tout cas repoussé dans le domaine de l'"étrange". [...] Seuls s'exposent de la sorte les dévoyés, les possédés, les fous : c'était selon l'opinion commune, l'un des symptômes de la folie que d'errer seul[9]. » Peut-être renouons-nous avec une période non pas médiévale mais moyenâgeuse, prise dans son sens péjoratif et qui nomme un phénomène d'ordre régressif, par exemple celui qui aujourd'hui chercherait à annihiler une juste proximité ou proxémie entre les humains, pour instaurer une *promiscuité* tendanciellement permanente. Pour éviter de participer à une telle dynamique, il relèverait à coup sûr d'une forme de sagesse de « vivre fou », d'« errer seul », ou d'affirmer en conscience ou « en héros » un *désir de déviance*.

– 5
# LE SUIVI DES MOUVEMENTS ANONYMES DU MONDE

*Spoutnik*, lancé par les Soviétiques le 4 octobre 1957, fut le premier satellite artificiel de l'histoire à être placé en orbite autour de la Terre. L'événement inaugura « la conquête spatiale », et engagea une compétition entre les États-Unis et l'URSS, ayant progressivement conduit à la victoire des premiers notamment par l'achèvement d'une constellation intégrale : le GPS. Le système américain rendit possible une perception depuis l'espace de tous les points de la planète, grâce aux images transmises par les caméras embarquées. Disposition technique à usage militaire, industriel et de télécommunication, qui ne cesse de se perfectionner, mais qui ne découvre que des phénomènes manifestes à la vue ou à la sensibilité de certains capteurs, ne pouvant rendre compte de faits non immédiatement saisissables même depuis l'exosphère. Appréhension en surplomb du monde, depuis peu relayée par d'autres modalités de perception globale dues à la récolte et au traitement toujours plus massifs de données, qui témoignent moins de comportements individuels identifiés que de larges flux anonymes de populations suivis en temps réel.

En 2008, lors des Jeux olympiques de Pékin, les autorités avaient pu suivre les déplacements des foules grâce à la localisation de la totalité des téléphones portables utilisés dans la ville *via* la triangulation des antennes 3G. L'enjeu ne consistait pas à identifier les personnes, mais à visualiser les mouvements en cours en vue de leur meilleure prise en charge logistique et sécuritaire. Depuis, ces procédés se sont améliorés et autorisent de nombreuses autres fonctionnalités. En 2012, l'entreprise espagnole Telefonica se scinda, créant une branche dénommée Telefonica Dynamic Insights, destinée à vendre des données anonymes se rapportant à la géolocalisation des individus et à leurs usages : « Nous avons 309 millions de clients à travers le monde, qui nous transmettent des données représentant de très larges échantillons représentatifs. Nous les collectons des mobiles ; elles sont ensuite anonymisées et agrégées entre elles afin de comprendre la façon dont des segments de population se comportent. Nous utilisons cette clairvoyance dans l'objectif d'éclairer la marge d'inconnu qui sépare les organisations de leurs utilisateurs, leur permettant ainsi d'améliorer leur offre et leurs affaires[10]. »

Désormais, la plupart des opérateurs téléphoniques monétisent leurs informations, procédant au préalable à une anonymisation, soit à l'effacement de leur source individuelle. SFR s'engagea très tôt dans le commerce de données à des fins de géomarketing, associant à ses offres des outils de datavisualisation cartographique. Un milliard d'événements seraient quotidiennement captés par l'entreprise (actions d'allumer ou d'éteindre un appareil, passages et durées des appels, envois de messages, trajets effectués, applications consultées...). Architecture qui permet de saisir en temps réel nombre de comportements, leurs itérations et évolutions, dressant un relevé sociologique ininterrompu d'origine industrielle : « Les enchaînements d'événements émis par les mobiles permettent de suivre la densité et les flux de population tant au niveau macro, national et urbain, que micro selon la topologie du réseau, explique-t-on chez SFR. Notre dispositif nous a permis par exemple d'évaluer à 389 500 le nombre de visiteurs du Festival de Cannes en 2012, et d'observer un pic de fréquentation le 18 mai 2012 à 17 h. Autres exemples d'indicateurs : le suivi de la diffusion des passagers ayant pris un train à la gare Montparnasse, ou encore la fréquentation des lignes du métro parisien selon l'heure de la journée. Ces données peuvent intéresser des acteurs du transport ou les collectivités locales, note-t-on chez SFR. Mais le secteur de la distribution représente aussi l'une des principales cibles du groupe. L'opérateur offrant notamment la capacité de définir la provenance des clients visitant un centre commercial ou un supermarché[11]. »

Une part de l'activité de Google consiste à stocker sans durée limitée les traces de navigation sur ses différentes plateformes, dont les derniers numéros des adresses IP sont effacés neuf mois après leur collecte afin de les rendre anonymes. Procédé qui permet une connaissance continuellement évolutive de nombre d'usages à échelle collective, autant que la revente à des tiers d'une partie de ces renseignements. La plupart des grandes institutions publiques et privées détiennent des masses sans cesse croissantes d'informations relatives aux personnes et à leurs activités, qui non seulement sont utilisées en interne, mais qui peuvent encore être monétisées en vue de leur agrégation à d'autres sources, aptes à révéler d'après un large spectre de multiples phénomènes ou tendances à l'œuvre dans les sociétés. C'est une visibilité toujours plus précise de certains mouvements du monde qui émerge, mais qui n'est plus l'apanage de seules entités omnipotentes dotées de salles de contrôle à focus tendanciellement intégral, telles les « *war rooms* » qui forment le décor de nombreux films, au sein d'une desquelles se tient par exemple la réunion de crise dans *Docteur Folamour* (Stanley Kubrick, 1964). Ce sont des dispositifs d'observation « en surplomb », formés d'une architecture physique moins impressionnante mais à l'architecture réseau hautement sophistiquée, qui sont dorénavant mis à la disposition de myriades d'organismes capables de suivre en temps réel les déplacements, les localisations, les achats, les fréquentations d'événements culturels, sportifs, politiques, le développement d'épidémies, ou encore les « *social graph* » (grilles relationnelles entre personnes).

Néanmoins, malgré la bonne foi généralement affichée par les entreprises, le risque de la désanonymisation fait l'objet de craintes : « En théorie, ces informations collectées partout sur le Web ou par le biais de capteurs dans les objets du quotidien (voiture, frigo, compteurs électriques...) sont recueillies de façon anonyme, pour empêcher de remonter jusqu'à l'identité de l'individu. Mais la quantité inédite des données, associée à la multiplicité des recoupements possibles, représente un énorme risque. "Certains estiment qu'avec la quantité et la puissance des calculs actuels l'anonymat des données n'existe déjà plus", assure Yann Padova, ancien secrétaire général de la Commission nationale de l'informatique et des libertés (CNIL) et aujourd'hui avocat chez Baker & McKenzie[12]. » Inquiétude infondée dans la mesure où ces masses d'informations représentent une *strate distincte et complémentaire* propre au Panoptique contemporain formé de multiples couches ; celle-ci n'étant pas prioritairement destinée à la connaissance singularisée des comportements, mais à favoriser la fluidification et la sécurisation générale des sociétés.

Plus largement, c'est une vision globalisante des phénomènes qui est maintenant offerte à tous. Elle ne correspond plus à la diffusion télévisuelle en direct et à échelle internationale d'événements, qu'inaugura la retransmission en Eurovision du couronnement de la reine Élisabeth II en 1953, plus tard étendue à celle en Mondovision des Jeux olympiques d'été de Tokyo en 1964. Logiques de visibilité planétaire qui se sont perfectionnées et généralisées au cours des décennies suivantes, mais qui dépendaient de sources d'émission uniques. Désormais c'est une relativisation de la notion de « canal » qui s'opère, au profit d'un foisonnement inquantifiable de *focales* mises à la libre disposition de tous, conformément à une logique à l'œuvre depuis l'apparition des premières webcams au milieu des années 1990 qui captaient en continu les images de certains espaces publics de partout accessibles. Dimension qui fut en quelque sorte radicalisée quelques années plus tard par la plateforme Google Earth autorisant le «survol» de toutes les surfaces de la Terre face à son écran. Le site flightradar24.com témoigne de cette récente capacité à suivre en temps réel quantité de phénomènes, telle la totalité des vols en cours des avions civils, et à s'enquérir de leur référence, de leur provenance, de leur destination, situant virtuellement chaque visiteur au cœur d'une tour de contrôle globale et individualisée. C'est l'étendue de la perception humaine qui franchit un seuil, dorénavant capable d'observer à tout instant et de tout lieu une infinité d'événements en cours de par le monde.

Ce qui s'édifie actuellement, c'est un système de captation intégrale qui emboîte différents procédés couvrant ensemble et de façon complémentaire un spectre allant du plus minuscule au plus élargi, instituant une vision multi-sources, multi-échelles, multi-acteurs et multifonctionnelle des phénomènes. J'avais moi-même relevé, dans mon ouvrage *Surveillance globale*[13] paru en 2009, les limites qui alors s'imposaient à la mécanique générale de la surveillance, confrontée à nombre de «trous» qui relativisaient l'étendue de la puissance technologique ou celle des aspirations. C'était à la fin de la première décennie du XXI^e^ siècle, il y a une éternité; depuis, les «angles morts» peu à peu disparaissent, sont colmatés par l'érection d'un *data-panoptisme* maintenant capable de réduire chaque fait à des séquences de code de toute part exploitées, et disponibles à l'attention de myriades d'entités et d'individus. Big Brother est mort, mais Dieu existe bien, non pas sous une figure monothéiste, mais d'après une forme universalisée et diffuse d'esprit panthéiste, qui imprègne tous les atomes, connaît toutes les substances ou se confond avec chacune d'elle. Cette forme-là de divinité existe bien, elle renvoie à notre condition contemporaine en devenir et en perpétuelle consolidation.

# VI

# –

# LE TECHNO-POUVOIR

# –1
# L'*OPEN DATA* : LA POLITIQUE *JOYSTICK*

Les relations historiques entre le politique et la technique sont marquées depuis les débuts de la révolution industrielle par des rapports de force. Les usines progressivement édifiées à partir de la deuxième partie du XIXe siècle, imposant des méthodes et des cadences de travail spécifiques, ont contribué à transformer les conditions générales d'existence individuelles et collectives. Le pouvoir politique a tôt saisi la puissance de structuration des sociétés détenue par le monde technico-économique, et a tenté d'exercer une emprise tant sur le champ de son action que sur l'axe de ses développements. Les Expositions universelles, dont la première se tint à Londres en 1851, témoignent de ce souhait de rabattre la flamboyance des productions manufacturières à la promotion des politiques nationales. Ce fut plus tard l'Union soviétique naissante qui entendit planifier l'activité industrielle en vue de subvenir aux besoins du pays et d'exhiber sa puissance aux yeux du monde.

Les massives réalisations architecturales et infrastructures routières bâties par l'Allemagne nazie ou l'Italie fasciste furent directement pilotées depuis les bureaux de Hitler ou de Mussolini. Avant et durant la Seconde Guerre mondiale, les programmes intensifs d'armement furent décidés par les gouvernements, tel le projet Manhattan qui réunit sous l'impulsion de Roosevelt des scientifiques et des industriels dans l'objectif d'élaborer l'arme atomique. La conquête de l'espace entreprise par les États-Unis et l'URSS contribua, à partir des années 1950, à infléchir le cours de l'histoire de la technique de la seconde partie du XXe siècle. De nombreux pays aux régimes d'inspiration libérale ou communiste engagèrent, après la guerre, des programmes industriels d'envergure, dont certains furent parfois menés à l'échelle européenne, tel le projet aéronautique Airbus. L'ère moderne a été caractérisée par la volonté puissamment exprimée par le pouvoir politique de déterminer le cours majoritaire des développements technologiques.

Depuis l'avènement de l'informatique personnelle à partir du milieu des années 1970, une forme d'indépendance des processus d'innovation s'est manifestée, indifférente à toute velléité d'assujettissement, notamment parce qu'ils émanaient généralement d'initiatives individuelles. Si l'industrie de l'électronique a également profité de soutiens des États, particulièrement aux États-Unis où elle connut un fort développement grâce à des subventions publiques, aux apports croisés de l'armée et de l'université, et à des fonds financiers privés (capital risque), ces coopérations étaient néanmoins fondées sur le postulat que le cœur de l'innovation se situait dans les laboratoires de recherche et non dans les administrations publiques ou privées. Microsoft, Apple, Hewlett-Packard, Rank Xerox et bien d'autres entreprises ont témoigné de l'émergence d'entités dirigées par des individus – généralement des ingénieurs – dotés de hautes compétences, se sentant libres d'entreprendre selon leurs seules « visions », de surcroît convaincus d'être à l'origine d'une nouvelle ère appelée à modifier la vie des personnes autant que la nature des sociétés. Puissance qui s'est rapidement accrue à partir des années 1980, bousculant la prépondérance dévolue au pouvoir politique à orienter le cours général des choses, et qui s'est peu à peu imposée comme un vecteur majeur de transformation des pratiques individuelles et collectives, suivant une logique soutenue par le régime néolibéral promu par l'Administration de Ronald Reagan en place à la même époque.

L'émergence des grands groupes de l'Internet à la fin des années 1990 et au tournant du nouveau millénaire s'est accompagnée d'une forme d'éloignement ou de prise de distance non ouvertement formulée à l'endroit du pouvoir politique. C'est une *autonomisation* croissante, ou une radicalisation sous d'autres modalités du processus d'« auto-accroissement » de la technique tel que décrit par Jacques Ellul, qui s'est opérée. Indépendance peu contrariée qui a poussé des consortiums économiques à définir toujours plus profondément la trame des sociétés par leurs innovations, et qui dans nombre de cas sont allés jusqu'à mépriser certains impératifs démocratiques élémentaires. Tel le droit des États à lever l'impôt là où l'activité des entreprises s'exerce, ou celui des citoyens à décider librement de l'utilisation de leurs traces numériques. Si cet environnement suscite peu à peu des oppositions et des luttes de plus en plus farouches, il se produit dans le même mouvement, et de façon insidieuse, une alliance d'un nouveau genre entre politique et technique, marquée par une suprématie sournoise mais décisive de la seconde sur la première et qui a pour nom : *Open data.*

Une des promesses électorales du candidat Barack Obama lors de la course à la Maison Blanche en 2008 fut de s'engager, en cas d'élection, à instaurer l'*Open Government Initiative*, soit à œuvrer à la transparence des données publiques afin de permettre aux citoyens d'être informés des activités du gouvernement et de celles des administrations. Principe supposé favoriser une collaboration fructueuse grâce à une double approche, à la fois descendante (*top-down*) et ascendante (*bottom-up*), susceptible de conduire à de meilleures prises de décisions : « Mon gouvernement prendra les mesures appropriées, compatibles avec le droit et la politique, pour divulguer des informations rapidement et dans des formes que le public puisse facilement trouver et utiliser. Les ministères et agences devront exploiter les nouvelles technologies pour mettre en ligne et rendre facilement accessibles au public des informations sur leurs activités et les décisions prises. Les ministères et organismes doivent aussi solliciter les commentaires de la population pour identifier les informations les plus utiles au public[1]. »

En dépit d'un rapport extrêmement critique publié en 2013 à l'égard du dispositif mis en place[2], l'initiative américaine a inspiré de nombreux pays. C'est l'idéal saint-simonien, qui cherche à réduire la politique à une « saine administration des choses[3] », autant que l'idéologie libertarienne, l'envisageant comme une puissance de la moindre intervention seulement dévolue à garantir le libre entrepreneuriat, qui prévalent dans le principe de l'*Open data* sensible dans la formule « *Government as a platform* » énoncée par Tim O'Reilly, l'initiateur de l'expression Web 2.0. L'action publique se contente de répondre à de strictes logiques utilitaristes. Des protocoles techniques sont spécifiquement conçus en vue de rendre accessibles des cartographies dynamiques des mouvements de la société, dans la visée prioritaire de favoriser leur exploitation à des fins commerciales : « L'État, en sus de ses fonctions régaliennes, doit également mettre en place des logiciels, des codes, ou des plateformes[4]. »

Au-delà du souhait apparemment louable de porter à la connaissance des citoyens l'activité des administrations ou celle des différents services de l'État, ce sont trois phénomènes assez imperceptibles qui s'instaurent progressivement. Le premier concerne la récupération systématique des informations publiées par les organismes, ou celles « remontées » par les individus, par des acteurs privés qui les monétisent *via* des myriades d'applications. C'est une privatisation d'allure discrète qui s'institue, sous couvert des principes cardinaux de la transparence et de la participation, qui induit un entrelacement d'un nouveau genre entre domaines public et économique : « La politique, définie comme le domaine public, dépend essentiellement du privé, ce qui signifie que le privé, loin d'être le contraire de la politique, fait partie de sa définition même[5]. » C'est l'impensé ou le non-formulé de l'*Open data* qu'il faut excaver et mettre au jour, soit une entreprise massive de marchandisation d'informations portant sur de larges pans de la vie sociale dont on peut en droit considérer qu'elles relèvent du « bien commun ».

Le deuxième concerne la nature à première vue objective des renseignements exposés, qui sont structurés suivant des logiques propres, à l'opposé de toute « neutralité », tant dans leur mise en forme que par le choix de privilégier certains secteurs. Par exemple, la priorité accordée aux indications relatives aux transports témoigne de l'objectif majeur visant la plus intense fluidification des sociétés. Car le niveau de visibilité des *data,* ainsi que leur usage possible, dépendent en amont des acteurs publics qui les *formatent,* d'après des choix qui devraient faire l'objet de débats ou de controverses, dans la mesure où ils structurent imperceptiblement en retour le cadre général du quotidien.

Le troisième renvoie à une illusion ou à une seule rhétorique de la transparence démocratique. L'*Open data,* contrairement à son nom qui laisse supposer une franche ouverture, ne regarde dans les faits que des secteurs restreints, qui n'abolissent pas le régime de confidentialité consubstantiel à une large part du fonctionnement des institutions démocratiques. À cet égard, les faits divulgués par Edward Snowden relatifs à des activités d'importance, celles menées par l'*organisme public* qu'est la NSA, ne bénéficiaient pas de leur « équivalent » en *Open data.*

Autant de dimensions non dites, de surcroît recouvertes par une novlangue alléguant de la désuétude de certains schémas historiques, devant maintenant laisser place à des logiques fondées sur la plus haute « stimulation » du champ social : « La tradition européenne tend à concevoir l'État comme un souverain omniscient et distant, comme une structure "transcendante".

Face à la complexité des défis contemporains, au désir de contribution des citoyens et des corps intermédiaires, et à leur puissance d'agir (liée à l'augmentation générale du niveau d'éducation et à la puissance acquise avec la révolution numérique), l'État doit peut-être apprendre à se concevoir comme "immanent", à entrer dans le jeu des interactions sociales, et surtout à faire levier sur cette puissance, à la stimuler, la nourrir et la mettre au service du bien public[6]. »

L'*Open data* sonne l'épuisement définitif du politique entendu comme l'élaboration de projets soumis à la délibération démocratique, et glisse vers une *régulation algorithmique*, automatisée et sans signataire de la vie publique. Le dessein consiste désormais à assurer une gestion la plus efficace au moyen de *joysticks* imperceptibles, permettant de réagir en quasi temps réel aux conjonctures : « Diriger : décider sans gérer. ANT. – Gérer : diriger sans décider[7]. » écrivait avec légèreté et gravité mêlées l'économiste Georges Elgozy. La temporalité de l'action politique se compresse, ne s'accordant plus la distance nécessaire à la réflexion et à la maturation, pour se calquer subrepticement sur le principe de la circulation des flux numériques à la vitesse de la lumière et de la réactivité sans délai à l'œuvre dans les réseaux. Dimension qui atteste de l'imprégnation insidieuse du politique par une technique qui ne travaille pas frontalement à sa désagrégation, mais qui *de facto* étend de partout son *influence agissante* par la nature de ses productions et leur diffusion planétaire. Dorénavant, la *puissance de gouvernementalité* sur les êtres et les sociétés se situe principalement du côté de l'industrie du traitement massif des données, qui représente le cœur d'une nouvelle forme prégnante et expansive de pouvoir : le TECHNO-POUVOIR.

# – 2
# *ETHOS* DU TECHNO-POUVOIR

« L'ordre lié aux conditions techniques et économiques de la production mécanique et machiniste détermine, avec une force irrésistible, le style de vie de l'ensemble des individus nés dans ce mécanisme, et pas seulement de ceux que concerne directement l'acquisition économique[8]. » Max Weber avait su saisir à l'aube du XXe siècle les incidences de la production mécanique et machiniste non pas sur les seules conditions du travail, mais plus largement sur *le style de vie de l'ensemble des individus nés dans ce mécanisme*. Un siècle plus tard cette vérité s'est affermie. Les technologies numériques ne déterminent pas seulement le quotidien, jusqu'au « style de vie » même, mais ordonnent le *cadre de la perception et de l'action humaine via* les objets et les systèmes élaborés par le techno-pouvoir.

Le techno-pouvoir ne représente pas une instance qui déciderait de la politique intérieure ou extérieure d'une nation, qui gérerait des budgets publics, ou qui se soucierait de la meilleure préservation de la société et des conditions de vie. Il est composé d'une foultitude d'acteurs épars, qui agissent toujours plus profondément sur le cours des existences et des choses, produisant des effets de *gouvernementalité* : « Le pouvoir n'est pas une substance. Il n'est pas non plus un mystérieux attribut. Le pouvoir n'est qu'un type particulier de relations entre individus. [...] Le trait distinctif du pouvoir, c'est que certains hommes peuvent plus ou moins entièrement déterminer la conduite d'autres hommes – mais jamais de manière exhaustive ou coercitive[9]. » C'est exactement suivant cette orientation, mais de façon imperceptible, sous des contours avenants et séduisants, que se déploie la pleine puissance du techno-pouvoir. Nébuleuse globalisée et hétérogène qui malgré la paradoxale discrétion – quasi paranoïaque – qui la caractérise, est dotée de « visages » et affublée de noms : Google, Microsoft, IBM, Oracle, Apple, Amazon, Facebook, Twitter, Netflix, Alibaba, Baidu, Samsung… Soit les industries des architectures réseau, des logiciels, de la téléphonie, de l'indexation des données, de la diffusion des productions culturelles, des plateformes relationnelles, qui structurent massivement le fonctionnement des sociétés et accompagnent le quotidien de milliards d'individus.

Le techno-pouvoir n'agit pas à l'abri depuis une zone retirée et indistincte, paré de l'aura de la quasi-invisibilité du Prince de Machiavel ou de celle plus absolue de l'empereur chinois cloîtré dans sa Cité interdite. Sa constitution, ses modes de fonctionnement et ses visées peuvent être précisément répertoriés et analysés.

Le techno-pouvoir représente le vecteur majeur qui concourt à l'« impermanence contemporaine des choses », ne cessant de produire de nouveaux systèmes, objets, schémas d'organisation, à des cadences sans cesse accélérées, érigeant la *rupture permanente* comme le principe fondateur de sa « philosophie ». Chaque projet en cours cherche à rendre caduques les paradigmes préexistants, à l'instar de la mise sur le marché de l'iPhone en 2007, de celle de l'iPad trois ans plus tard, ou de celle des Google Glass. Il réalise la quête utopique d'une « révolution permanente », bousculant perpétuellement les structures en place pour en substituer d'autres qui elles-mêmes devront être marginalisées dans les plus cours délais. Mais son unique objectif, malgré toutes les déclarations de bonne foi formulées par ses tenants, ou les discours enthousiastes relayés par leurs thuriféraires, ne vise que l'accroissement incessant du profit des dirigeants et de celui des actionnaires.

Le techno-pouvoir est *autonomisé*, il ne se soucie que de ses seuls desseins, procède comme bon lui semble, selon ses propres règles, ignorant toute contradiction. La maxime de Google énoncée à la fin des années 1990, « *Don't be evil* », aurait dû alerter quant à sa réelle volonté qui s'est peu à peu dévoilée, ayant pour ambition d'« organiser toute l'information du monde », jusqu'à occuper aujourd'hui une troublante et problématique position monopolistique. Il ne s'embarrasse pas de respecter les principes démocratiques fondamentaux ; plus encore, il les considère comme dénués de pertinence et toujours plus obsolètes de par la vitesse qu'il impose. Il piétine tous les acquis historiques. Il agit conformément à l'adage défini par Marx : « Le scénario de la guerre développée antérieurement à la paix[10]. » Il impose au monde ses innovations ou ses postulats, sait qu'il peut ensuite être confronté à des réactions ou à des oppositions, se dit prêt à négocier sous la pression, ou parfois même à reculer sous la contrainte. À l'instar de la directive de la Cour européenne de Luxembourg arrêtée en mai 2014 relative à un cas de figure relevant du droit à l'oubli et qui a enjoint Google de s'y plier[11] : « Dans la culture ultralibérale, le risque "procédural" est une simple variable ; une composante potentielle du coût[12]. »

Le techno-pouvoir méprise le pouvoir politique, et plus encore le droit, il considère tout encadrement ou restriction de son champ d'initiative comme un abus. Il est d'esprit libertarien, se contente de quelques commandements réduits au strict minimum, conformément aux principes énoncés par le philosophe Herbert Spencer au cours du XIX$^{e}$ siècle. Il ne relève pas du hasard que le foyer primordial, et qui le demeure, à partir duquel il a essaimé sur l'ensemble de la planète soit la Californie, marquée par le mythe de la « libre » conquête de l'Ouest, récompensant la forme de violence qui caractérise toute propriété unilatéralement décidée. Le techno-pouvoir procède du macro au micro : son rayon d'action s'étend au monde, à la Terre, au Ciel, à l'Espace, jusqu'à l'intérieur du cerveau : la psyché humaine. Il ne connaît aucune limite, c'est même son principe premier que d'ignorer toute limite. C'est l'infinité de toutes les virtualités en germe qui le meut et qui fonde la démesure de son « audace » célébrée sur les cinq continents.

Le techno-pouvoir entend transformer le monde, il s'offusquerait de « voir les choses en petit », édictant des règles non écrites et synchrones à échelle globale. Il suscite ou instaure de nouveaux modes d'existence, de nouveaux comportements, de nouvelles postures corporelles, de nouvelles structures relationnelles, de nouveaux environnements ludiques… Il ne revêt pas l'allure d'un monstre froid, sait au contraire manier la séduction, tant par les objets et les systèmes qu'il produit que par l'image qu'il veut donner de lui-même, d'allure *cool* et avenante. Dimension particulièrement sensible dans la mode vestimentaire qu'il entretient infailliblement à l'identique depuis les années 1970, faite des mêmes oripeaux : tennis, jeans, t-shirt, ou sweat-shirt à capuche (portés par Steve Jobs tout comme par Mark Zuckerberg, pourtant issu de la génération suivante).

Le techno-pouvoir s'*incarne* dans des figures charismatiques, vite devenues des stars ou des « gourous » planétaires. Elles lui donnent une âme, l'humanisent, personnifient son génie hors-norme. Il se plaît à organiser des messes destinées à exhiber le miracle de ses créations et à produire de la sidération auprès de fidèles qui les suivent et les commentent en direct depuis tous les points de la planète. Ce n'est pas qu'il représente une nouvelle religion, ou qu'il supplante le religieux, c'est qu'il symbolise une nouvelle espérance, revêt une dimension messianique par l'horizon indéfiniment ouvert et fructueux qu'il ne cesse de dégager à chaque innovation ou rupture. Le techno-pouvoir sait jouer du secret, dissimule, au nom de la préservation des brevets, les recherches en cours, alimente selon les circonstances la rumeur, dissémine ici ou là quelques indices, ou distribue ses prototypes à des groupes restreints de journalistes ou d'élus qui vont assurer, bon gré mal gré et à coût nul, une diffusion mondiale de ses informations.

Enfin le techno-pouvoir contredit l'idée postmoderne qui affirmait, à la suite de Michel Foucault, que le « pouvoir est partout », se nichant en creux au sein de toute relation. Sa forme prépondérante contemporaine est identifiable et localisable, formalisée dans les groupes économiques de l'Internet et du traitement des *data*. Non seulement le pouvoir n'est pas partout, mais sa source, son cœur, peuvent être aujourd'hui précisément pointés : ils se situent dans les laboratoires de recherche animés par les rêves sans limite des ingénieurs.

— 3
# LA CLASSE DES INGÉNIEURS

L'action se situe à l'aube des années 1980 et se déroule le temps d'un week-end dans un hôtel. Une compétition d'un genre particulier s'y tient : elle oppose plusieurs programmeurs de logiciels d'échecs. Au cours des parties, les mouvements sont effectués par les personnes en fonction des instructions dictées par les ordinateurs imprimées sur des feuilles de papier. Durant les moments de relâche ou au cours des nuits, les ingénieurs errent dans les couloirs, consomment en excès de l'alcool ou du LSD, tiennent des propos souvent abscons ou incompréhensibles. Certains d'entre eux sont parfois pris d'hallucinations, d'autres adoptent un comportement quasi autiste. Tous les visages sont extrêmement pâles, marqués par une intense fatigue et empreints d'une forme d'absence ou d'égarement. Scènes visibles dans le film *Computer Chess* (Andrew Bujalski, 2013), qui condense à l'intérieur d'un huis-clos quelques dimensions propres à l'histoire de l'informatique personnelle, se rapportant aux bidouillages opérés par les personnes sur les machines alors sommaires, aux langages de programmation, ou à l'intelligence artificielle. Environnement marqué par l'intensité de l'implication à la tâche, la rivalité des egos, et un brin de folie plus ou moins palpable qui semble imprégner la psyché de chacun. Cette excentricité diffuse n'aura pas empêché, selon les propos rapportés par l'un des protagonistes, un cadre du Pentagone de l'approcher, lui ayant déclaré ne pas comprendre grand-chose à ses pratiques mais qu'un des départements de l'institution souhaitait collaborer avec lui.

Si la légende, en partie fondée, prétend que les innovations majeures qui ont ponctué l'histoire de l'informatique prennent leur origine dans des garages, ce film témoigne d'abord du fait autrement plus déterminant que c'est un nombre extrêmement réduit de personnes qui a décidé, au cours des dernières décennies, de son orientation, contribuant par son impact global à transformer les conditions d'existence de milliards d'individus. Elles sont incarnées par quelques figures emblématiques. D'abord, par celle inaugurale de Bill Gates, le fondateur de Microsoft, qui aura tôt saisi la haute valeur économique revêtue par les logiciels et les systèmes d'exploitation. Ensuite, par celle plus charismatique de Steve Jobs, un des deux pères d'Apple, qui aura cherché à faire de l'ordinateur un objet convivial et à le doter d'ergonomies fluides et d'interfaces intuitives. Ces deux ingénieurs synthétisent à eux seuls l'odyssée de la micro-informatique, de ses débuts jusqu'à la fin des années 1990, et ont été affublés d'une dimension légendaire par le fait de leur « puissance visionnaire » et de leur capacité à avoir défini une partie de l'histoire de la technique moderne. Depuis, d'autres « héros » sont venus s'agréger à cet exceptionnel duo, tels Mark Zuckerberg, le créateur de Facebook, qui a notamment fait l'objet d'un *biopic* alors qu'il n'avait que vingt-cinq ans (*The Social Network*, David Fincher, 2010), ou Larry Page et Sergei Brin, les concepteurs de l'algorithme PageRank à l'origine du succès de Google. Si bien d'autres noms peuvent être cités, ce qui les caractérise, c'est qu'ils sont des ingénieurs informaticiens, qu'ils ont contribué à la constitution de nouveaux paradigmes, et qu'ils sont devenus des mythes de leur vivant.

La spécificité de l'environnement qui a immédiatement succédé aux développements de la cybernétique et à ceux de l'informatique militaire et professionnelle, alors exclusifs jusqu'à la fin des années 1960, renvoyait exactement à ce qui se jouait dans *Computer Chess*, soit à la possibilité pour des individus d'élaborer eux-mêmes des machines assez sommaires, ou de concevoir des programmes sans recourir à des structures établies. C'est à partir de cette liberté qui ne requérait aucune infrastructure logistique lourde et coûteuse que s'est déployée l'activité des ingénieurs programmeurs, qui ont très tôt pressenti l'étendue des possibilités en germe et qui se sont efforcés de pleinement les exploiter. L'ingénieur, sans le revendiquer, ou sans que le mouvement ait été alors manifeste, a peu à peu été doté d'un *pouvoir agissant,* tant sur la vie des individus que sur la forme des sociétés. En une trentaine d'années, un « gouvernement » informel et éclaté, se déployant à échelle globale, s'est en quelque sorte constitué : « Le point de contact, où la façon dont les individus sont dirigés par les autres s'articule sur la façon dont ils se conduisent eux-mêmes, est ce que je peux appeler, je crois, "gouvernement"[13]. »

Juste définition qui appelle néanmoins d'opérer un déplacement, de la notion brute et sans appel de « direction », pour celle d'*infléchissement,* plus subtile, qui signale les effets induits sur les conduites mais recouverts par le sentiment d'une « libre » appropriation offerte par les usages. Car les productions des ingénieurs sont caractérisées par leur portée *massive, globale* et *synchrone,* exerçant une influence insensible mais prégnante sur les comportements individuels et collectifs : « Dans la mesure où de telles technologies sont en train de déterminer l'avenir de notre façon de vivre et de travailler, les gens qui les programment jouent un rôle croissant, en transformant le monde et la manière dont il fonctionne. La suite logique est que ce sont les technologies numériques elles-mêmes qui finiront par façonner notre monde, que ce soit avec ou sans accord explicite[14]. » Le cœur où se trame jour et nuit ce « façonnement du monde » est localisé dans les laboratoires, au sein desquels s'élaborent sans relâche de nouveaux protocoles à l'abri des regards et de l'agitation.

Le Google [X] Lab constitue l'exemple le plus emblématique, ou extrême, de ce qui se joue dans ces lieux qui ambitionnent de « changer le monde », et dont le X signale la volonté d'« améliorer une situation sous dix années et d'après une efficacité à la puissance dix ». L'officine de recherche a été mise en place en 2005, et a depuis lancé des milliers de « *moonshots* », terme qui définit une « idée folle », d'allure futuriste, tels l'ascenseur spatial ou les implants neuronaux, témoignant d'une *hubris* à vouloir sans fin « réaliser l'impossible ». C'est ce défi à transgresser tout schéma conceptuel et toute limite technologique, à se situer « au bord » de la science-fiction, qui caractérise le monde de la recherche contemporaine lié au traitement des données et à l'intelligence artificielle. Propension manifeste dans le film *Transcendance* (Wally Pfister, 2014), relatant les activités menées par un petit groupe de scientifiques inspirés par leur leader (joué par Johnny Depp), qui entendent formaliser leur rêve de « perfectionner » la vie grâce à l'« intelligence surhumaine » de la technique et au pouvoir correcteur des nanotechnologies, et qui se trouvent néanmoins confrontés à de fortes oppositions de la part de citoyens.

Le centre de recherche californien, le Xerox PARC, qui durant les années 1970 détermina nombre des axes majeurs de l'informatique moderne, constitue le parangon inaugural de ces lieux dédiés à une exploration *a priori* affranchie de tout bornage théorique et destinés à opérer des ruptures technologiques. Leur principe cardinal se fonde sur l'idée d'une absolue liberté qui ne doit être réfrénée ni par l'imagination, ni par l'état de la technique, ni par certains cadres étatiques supposés « rigides » ou « inappropriés ». C'est ici que se situe la pleine *virtualité* du numérique, dans l'infinité de ses possibilités qui pousse sans arrêt à concevoir l'*inconcevable* : « Tout ce qui est effectivement possible est effectivement réalisé, quitte à chercher plus tard l'usage qu'on peut en faire[15]. » Le « style du laboratoire », apparu dans sa forme première au XVII^e^ siècle, devrait, selon l'épistémologue Ian Hacking, faire l'objet d'observations de la part de la philosophie des sciences, non pas en se cantonnant à la seule analyse des théories scientifiques, mais en s'attachant à examiner le cadre à l'intérieur duquel elles se conçoivent[16]. C'est ce qu'avait entrepris Bruno Latour au cours des années 1980, qui avait suivi les mœurs spécifiques à l'œuvre dans un laboratoire américain d'endocrinologie, indissociables des productions élaborées dans un contexte propre[17]. Une branche des sciences humaines contemporaines devrait en effet chercher à pénétrer autant que possible ces lieux marqués par la plus haute confidentialité ; il est probable qu'y seraient vues quelques scènes similaires à celles se déroulant dans le film *Computer Chess*. Il est tout autant probable qu'en leur sein les ingénieurs ne se disent jamais : « Il faudrait briser la tournure d'esprit qui nous pousserait, presque malgré nous, à inventer de nouvelles machines[18]. »

« Entre les savants proprement dits et les directeurs effectifs des travaux productifs, il commence à se former de nos jours une classe intermédiaire, celle des *ingénieurs*, dont la destination spéciale est d'organiser les relations de la théorie et de la pratique. Sans avoir aucunement en vue le progrès des connaissances scientifiques, elle les considère, dans leur état présent, pour en déduire les applications industrielles dont elles sont susceptibles[19]. » Formule énoncée par Auguste Comte au cours de la première moitié du XIXe siècle, qui témoigne d'une juste lucidité relativement à la courte vue induite par la « position intermédiaire ». Aujourd'hui, l'ingénieur contemporain ne se situe plus dans cet entre-deux, mais fait fusionner au sein d'un seul corps « les savants proprement dits et les directeurs effectifs des travaux productifs ». Car ce qui caractérise l'industrie de l'informatique de la « deuxième génération », celle de l'essor de l'ordinateur personnel, c'est une forme de légèreté logistique qui a autorisé des individus, généralement des ingénieurs programmeurs, non seulement à entreprendre des actions sans lourdes ressources initiales, mais également à décider d'eux-mêmes et souvent seuls de la nature de leur innovation. Autonomie qui les a revêtus d'une sorte de statut analogue à celui de l'artiste, libres de mener leurs projets selon leurs propres désirs et desseins. Mais à la différence de l'artiste, les productions de l'ingénieur n'engagent pas l'expérience dans le seul cadre provisoire de la fréquentation des œuvres, mais accompagnent de façon toujours plus continue le quotidien des personnes.

Raison pour laquelle c'est leur responsabilité à l'égard de la société qui est engagée. Depuis la fin des années 1990, ils semblent s'être allègrement et définitivement dégagés de ce poids, emportés par leur ivresse à «vouloir changer le monde» comme bon leur semble et à profiter de toutes les ressources en germe. C'est cette virtualité inépuisable qui les meut, se trouvant littéralement placés sous l'emprise de la «règle de Gabor» qui veut que «tout ce qui est techniquement faisable doit être réalisé, que cette réalisation soit jugée moralement bonne ou condamnable[20]». Propos formulés au cours des années 1970 par Dennis Gabor, lui-même ingénieur, et qui avait su voir les comportements parfois répréhensibles ou condamnables adoptés dans les laboratoires. Forme d'insouciance à l'égard des effets possiblement occasionnés qu'avait dénoncée Jaques Ellul, qui depuis s'est amplifiée, radicalisée même, et qui appelle, au nom de cette légèreté coupable, l'érection impérative de contre-pouvoirs: «Un des caractères majeurs de la technique est de ne pas supporter de jugement moral, d'en être résolument indépendante et d'éliminer de son domaine tout jugement moral. Elle n'obéit jamais à cette discrimination et tend au contraire à créer une morale technique tout à fait indépendante[21].»

## – 4
# L'INVISIBILITÉ DU COMPUTATIONNEL

Le numérique se constitue et se développe sur un fond de mystère. Nulle théorie du complot ici, il faut seulement saisir le fait décisif et souvent *occulté* qui veut que la programmation des algorithmes et des systèmes s'élabore d'après des modalités mathématiques abstraites soustraites à la visibilité. Part imperceptible qui le demeure dans l'usage des protocoles, dont le nombre astronomique d'opérations assurant leur fonctionnement est *de facto* masqué. Aucune intention délibérée ne se situe à l'origine de ce schéma, qui correspond à un fait technique structurel propre aux processus computationnels. C'est à l'intérieur de cette condition technologique spécifique que se déploie l'activité de l'ingénieur programmeur contemporain. Cette opacité de fait accompagne l'exercice de sa pratique. Le terme de *back office*, qui nomme l'instance qui en *arrière-plan* règle les procédés, doit être élargi à toute l'industrie de l'électronique, qui opère à l'abri de tout regard ou de tout procédé standardisé de consultation ou de vérification.

On peut parier que c'est en partie pour voiler cette vérité que cette industrie a opéré un partenariat toujours plus rapproché avec le design, afin de se parer d'atours conviviaux capables de « faire écran » relativement à sa « part d'ombre » fondamentale. Dimension particulièrement emblématique dans la complicité qui s'était nouée à la fin des années 1990 entre Steve Jobs et le designer Jonathan Ive, qui se sont efforcés de modifier l'ergonomie des produits d'Apple autant que son image, et qui plus largement ont contribué à faire percevoir sous des contours plus familiers et ludiques les technologies numériques. L'ingénieur contemporain, pour atteindre ses objectifs visant à étendre la plus large emprise sur le marché, avance désormais de pair avec son *alter ego* : le « designer high-tech », capable de susciter le plus intense investissement symbolique et la plus profonde émotion, grâce à des couleurs chatoyantes, à la commodité des interfaces et à l'efficacité graphique des applications.

Le binôme ingénieur/designer ne conçoit pas seulement des systèmes et des objets, il procède à une forme d'*ingénierie sociale* par sa capacité à déterminer le cadre d'action des individus et celui de leurs relations. C'est d'abord au prisme de la composition algorithmique complexe et imperceptible que s'opère un des phénomènes économiques et anthropologiques décisifs de notre temps : celui de la *captation de l'attention* par des plateformes destinées à la soutenir et à l'entretenir sans cesse davantage en vue de sa plus intense exploitation commerciale. Le couple « ingé-designer », dans la grande majorité des cas, ne vise que ce seul objectif. Il faut saisir l'avantage offert et les effets induits par l'équation qui permet de composer à l'abri des regards et dont les intentions resteront de surcroît dissimulées aux utilisateurs. C'est toute l'économie du numérique à l'œuvre depuis la fin des années 1990, fondée sur le triptyque implacable qui associe le traçage des personnes *via* les navigations et les communications, la pénétration et la mémorisation des comportements, et le profilage individualisé continuellement évolutif, qui a été rendue possible grâce à cette forme de « cachette » offerte par la configuration en *back office* : « Plus les systèmes techniques prolifèrent, plus ils deviennent opaques ; si bien que la croissance de la rationalité des moyens et des fins (selon le modèle usuel) se manifeste justement par l'accumulation successive de couches dont chacune rend les précédentes plus sombres. [...] La complication même des dispositifs, par l'accumulation des plissements et des détours, des couches et des retours, des compilations et des réarrangements, interdit à jamais la clarté de la raison droite sous le patronage de laquelle on avait d'abord introduit les techniques[22]. »

Cette position située à la fois *en amont* et *en retrait* redouble la puissance du techno-pouvoir, libre d'imaginer et de concevoir ce que bon lui semble dans des lieux marqués par le secret. Il faut entendre cette capacité de repli dans sa dimension militaire, lui permettant de lancer régulièrement des « assauts » grâce à de nouvelles « armes » dotées de contours et de fonctionnalités toujours plus époustouflantes. Emplacement stratégique qui lui octroie un double avantage. D'abord celui de laisser croire que ce qui s'opère dans l'ombre relève du « merveilleux », suivant un imaginaire *geek* fortement ancré dans la culture contemporaine, qui ne cesse de traquer la moindre innovation avec une naïveté confondante. Ensuite, celui de faire de chaque *apparition* ou épiphanie l'occasion d'enclencher un nouveau cycle de vente à échelle planétaire, avant l'élaboration d'une version ultérieure, conformément à des *manœuvres* initiées et parfaitement maîtrisées par Apple, par exemple. Mouvements subits et massifs d'occupation du terrain aussitôt suivis d'un repli, qui s'apparentent à ceux menés par les commandos d'élite œuvrant dans la guerre asymétrique contemporaine, intervenant de façon éclair et par surprise « au cœur de la cible » avant de se retirer une fois l'opération menée selon les plans projetés. Sauf qu'ici, l'asymétrie renvoie non seulement au nombre relativement restreint d'ingénieurs, mais à la nature du champ de bataille qui voit les uns agir à l'abri de tranchées *cool* et high-tech, et les autres s'empresser de succomber à découvert sous le charme d'objets et d'applications aux vertus toujours plus miraculeuses.

C'est précisément au nom de cette excessive asymétrie ou de cette invisibilité structurelle que devrait être entretenu un rapport de défiance à l'égard du techno-pouvoir. Suspicion légitimée par le fait que ses productions prennent place au sein d'un ensemble commun, qui suppose un pacte entre leurs initiateurs et ceux qui y souscrivent par un acte d'achat. Or, c'est ce pacte même qui dans la plupart des cas est empreint d'une forme d'opacité, manifeste dans les conditions d'utilisation constituées de dizaines de pages et d'articles sans fin, non seulement quasi illisibles dans leur intégralité et caractérisés par une prose technico-juridique souvent traduite à la va-vite et parfois incompréhensible. Ces clauses, qui ne répondent pas à l'exigence d'une intelligibilité partagée, contribuent à amplifier la relation asymétrique à l'œuvre entre les entreprises et les usagers. C'est pourquoi le législateur, et tout autant les citoyens, par la force du pouvoir commercial dont ils sont dotés, doivent faire pression pour qu'une charte homogène, transnationale, et seulement composée de quelques exigences fondamentales, particulièrement celles relatives à la propriété des données et à leur utilisation, soit imposée aux entreprises de l'Internet et plus largement à toutes celles impliquées dans l'économie numérique. Charte qui rendrait immédiatement visible la souscription ou non par les plateformes ; libre ensuite à chacun de s'engager ou non à y répondre – mais en toute connaissance de cause.

Le techno-pouvoir devrait faire l'objet d'une *agnotologie.* Terme créé par Robert Neel Proctor, historien américain des sciences, qui nomme l'étude de l'ignorance produite par certains organismes dans l'objectif d'assouvir des intérêts privés, notamment par la publication de données scientifiques inexactes ou trompeuses. Le biologiste Stuart Firestein insiste sur la nécessité d'analyser les processus qui étendent les « continents de l'ignorance [23] ». Il s'agit, selon lui, de ne plus cantonner l'épistémologie à l'examen des conditions qui déterminent la connaissance, mais de se demander tout autant pourquoi nous ne savons pas des choses que nous serions en droit de savoir. Proctor a par exemple démonté les stratégies mises au point par l'industrie du tabac, qui s'est efforcée durant des décennies et à l'échelle de la planète d'entretenir l'ignorance relativement aux effets néfastes de la cigarette [24]. Or, c'est exactement en s'appuyant sur ce socle d'ignorance que le techno-pouvoir peut aujourd'hui aisément développer ses stratégies de façon masquée et sous des atours attrayants et ludiques, dissimulant nombre d'intentions peu avouables, notamment celles qui visent à mémoriser et à monétiser la connaissance des comportements des individus.

## – 5
# TECHNO-POUVOIR ET IDÉOLOGIE DE L'INNOVATION

Ce qui assoit la puissance autant que la légitimité du techno-pouvoir contemporain, c'est d'abord le dogme de l'*innovation*, désormais entendue comme étant la condition primordiale supposée garantir la viabilité présente et à venir des sociétés. *Doxa* qui s'est intensifiée vers le milieu des années 1990, lors de l'avènement de ce qui alors était nommé « nouvelle économie », et qui connut une brusque déconvenue au moment du krach boursier de 2000, voyant les « valeurs technologiques » du NASDAQ s'effondrer. Malgré les soubresauts et les désillusions, un mouvement était amorcé, fondé sur l'idée de l'émergence d'un nouvel environnement technico-économique qui devait sous diverses formes être stimulé. Conviction globalement partagée qui suscita une double impulsion, de la part des acteurs économiques et politiques, la plupart du temps solidaires, qui ont soutenu les activités de recherche et de développement des entreprises, favorisé autant que possible l'éclosion de « start-up », de « pôles de compétitivité » ou de « Silicon valleys » sur de nombreux territoires, défini un enseignement universitaire adapté et initié des programmes privés et publics d'investissement.

Au cours des vingt dernières années, le techno-pouvoir a bénéficié d'une conjonction de facteurs éminemment favorables à son expansion. Ces éléments peuvent être précisément identifiés : formation d'un marché à échelle mondiale ; nouveaux « gisements » d'emplois annoncés ; baisse des coûts de production, tant par le montant quasi nul de la duplication numérique que par l'externalisation des processus de fabrication ; conception de systèmes automatisés conduisant à une optimisation organisationnelle associée à une réduction des effectifs humains; collusion avec le pouvoir politique; discours fascinés à l'égard de la nouveauté technologique incessante. C'est au cours des années 1970, alors que les pays occidentaux furent frappés par de brusques et massifs taux de chômage, que le terme de « croissance » a été sans cesse repris par le pouvoir politique, allant jusqu'à fonder le cœur de son action en vue de la stimuler par tous les moyens. Volonté jamais démentie depuis, qui a subrepticement contribué à imposer le primat de l'expansion industrielle comme étant consubstantiel au bien-être ou à la survie des sociétés : « La priorité donnée à l'accroissement de la richesse et de la puissance collectives par des moyens techniques est devenue le choix culturel fondamental commun à toutes les composantes sociales de l'humanité[25]. »

L'innovation impose d'abord une nouvelle économie du temps. La « virtualité technologique » pousse à concevoir des objets et des systèmes inédits suivant des cadences indéfiniment resserrées, s'apparentant au rythme biologique qui fait continuellement se succéder l'obsolescence et le renouvellement des cellules : « La mort est la plus belle invention de la vie » (Steve Jobs). C'est précisément cette dynamique qu'avait décrite Joseph Schumpeter : « Le processus de destruction créatrice constitue la donnée fondamentale du capitalisme. C'est en elle que consiste, en dernière analyse, le capitalisme, et toute entreprise doit s'y adapter[26]. » Le techno-pouvoir est un techno-capitalisme, soit un capitalisme qui exploite autant que possible les potentialités aisément exploitables offertes par les technologies numériques, et qui exalte comme jamais ce processus de « destruction créatrice ». Un lit, voire une voiture, ne s'achètent pas tous les ans, l'industrie high-tech a réussi à imposer l'idée selon laquelle le rythme frénétique qu'elle s'impose et qu'elle *impose*, l'« ouragan perpétuel[27] » qui l'emporte, doivent autant imprimer le tempo de la consommation des individus. Elle a fait d'un régime d'exception une condition banalisée et globalisée d'existence.

C'est encore à partir de processus d'innovation que se sont peu à peu élaborés des procédés sans cesse plus sophistiqués et des interfaces toujours plus séduisantes visant à capter l'attention des individus en vue de leur plus intense monétisation. Google et son moteur de recherche, autant que le modèle qui mémorise et catégorise les usages quotidiens de milliards d'utilisateurs *via* leurs requêtes, sont le résultat de processus d'innovation. La volonté du même Google de créer *ex nihilo* une plateforme artificielle au large du Pacifique, une sorte d'« île autonome », dans le but de se délivrer de toute règle et de toute fiscalité, d'ériger en pleine mer une « zone franche libertarienne », est le résultat de processus d'innovation. Amazon et ses procédés de suggestions individualisées fondées sur l'analyse des comportements sont le résultat de processus d'innovation. Une multitude d'exemples similaires pourraient être ainsi déclinés. La *servicisation* de tous les pans du quotidien *via* des applications et des systèmes développés au sein d'unités de recherche, sous couvert de services prodigués aux individus, conduit à une marchandisation généralisée de la vie[28]. La marchandisation généralisée de la vie actuellement à l'œuvre est le résultat direct de processus d'innovation.

C'est l'innovation numérico-industrielle qui, malgré les vertus écologiques attribuées à certaines architectures de régulation et d'optimisation énergétiques, participe, par le renouvellement ininterrompu des produits, à l'épuisement de « terres rares », et par les modalités de recyclage très partielles et insuffisantes, à concourir à un impact écologique sans cesse croissant[29]. Ce sont également les entreprises dont le cœur de métier est fondé sur l'innovation, qui jouent d'un autre type d'asymétrie, installant les activités de conception dans des unités hyper-sophistiquées offrant de confortables conditions de travail, généralement localisées dans les pays du Nord, et qui externalisent la fabrication dans des usines situées pour la plupart dans les pays du Sud. À l'instar des partenariats noués entre Apple et Foxconn, qui imposent des conditions de travail drastiques s'apparentant à une forme d'esclavagisme rémunéré[30].

Enfin, c'est par l'innovation que s'institue une définition de tout phénomène au chiffre près, conduisant notamment à la connaissance indéfiniment approfondie des comportements de milliards d'individus, exploitée par les agences étatiques de renseignement qui n'ont plus qu'à se brancher en toute discrétion aux nœuds de connexion. Ce sont tous ces phénomènes d'importance, ainsi que de nombreux autres, porteurs de dimensions prioritairement toxiques et déterminant pour une large part nos conditions d'existence, que produisent les processus de l'innovation numérique, qu'on continue pourtant de tenir comme conditionnant la « bonne marche » de nos sociétés. C'est ce paradoxe, cet écart troublant entre une forme de *doxa* planétaire et la réalité patente et crue des faits qui doivent nous interroger.

Si l'innovation bénéficie d'une telle faveur rarement questionnée, si elle peut se déployer presque sans contrainte et suivant une telle licence d'action, c'est qu'elle est soutenue par un fonds idéologique, par une inflation de « techno-discours » qui l'instituent comme un phénomène quasi naturel délégitimant *de facto* toute velléité de déconstruction de ses présupposés : « Nous appelons techno-discours un discours ni strictement technique ni "autonome", langage parasitaire branché sur la technique, contribuant à la diffuser ou, faute de mieux, à rendre quasiment impossible (comme le fait une musique d'ambiance) tout recul radical, toute remise en question du phénomène technique contemporain en sa spécificité[31]. » Environnement à la fois entretenu par une prose politico-économique reprise à peu près à l'identique dans tous les pays du globe, par une presse spécialisée, dont le magazine californien *Wired* serait le héraut, et par la diffusion de termes affectés de valeurs *a priori* entendues, tels ceux de « croissance », de « prospérité » ou de « progrès », pourtant délégitimés depuis longtemps dans leur fondement par nombre d'examens critiques.

Cette *rhétorique de l'innovation* est encore épaulée par un rapport au futur empreint d'une dimension judéo-chrétienne, hégélienne ou néo-moderniste, d'ordre téléologique, perçu comme étant porteur d'un horizon inévitablement meilleur ou radieux. Car la temporalité de la technique est principalement conjuguée au futur, plus rarement au passé, dans l'analyse des effets occasionnés, et jamais au présent, dans l'évaluation des justes comportements individuels et collectifs à adopter. C'est la réintroduction du temps long de l'histoire, autant qu'une interrogation réflexive menée au moment même des évolutions, qui s'avèrent impératives, plutôt que de se soumettre à une fascination oiseuse exercée par l'idée du futur.

Ce qu'aura institué le techno-capitalisme à échelle globale, c'est un *mode de rationalité* fondé sur la définition chiffrée de tout phénomène grâce à la puissance indéfiniment accrue du computationnel. Aujourd'hui, il convient de répondre à un type quasi exclusif d'innovation par d'autres gestes d'innovation, envisagés comme autant de possibilités indéfiniment ouvertes à dessiner de nouveaux schémas à l'écart de toute visée strictement commerciale et utilitariste. C'est l'*intérêt commun* qui devrait être prioritairement recherché et qui a été jusqu'ici massivement méprisé. C'est à un renversement ou à une inversion des valeurs auquel il faut procéder, visant à repousser la seule quête de l'intérêt particulier pour travailler à l'épanouissement collectif et individuel supposé caractériser en propre l'*ethos* démocratique et civique. Entreprise majeure d'*innovation* qui doit se manifester sous toutes les formes possibles, dans l'objectif de détrôner la puissance de gouvernementalité outrageusement gagnée par le techno-pouvoir et d'édifier de nouvelles modalités plus vertueuses. Face à la puissance d'inventivité de l'industrie du numérique, à son génie même, c'est toute la puissance d'inventivité des individus et des sociétés, tout le génie humain à pouvoir dessiner autrement les choses, qu'il faut encourager. Jusqu'à quand et jusqu'où allons-nous accepter que quelques milliers de personnes dans le monde, principalement des dirigeants de groupes économiques et des ingénieurs, infléchissent le cours individuel et collectif de nos existences, sans que des oppositions, des digues juridiques ou des contre-pouvoirs ne se dressent ? Il s'agit là d'un enjeu politique, éthique et civilisationnel majeur de notre temps.

VII

-

# POLITIQUE ET ÉTHIQUE DE LA RAISON NUMÉRIQUE

## –1
# UN PARLEMENT DES DONNÉES

Le film *Avatar* (James Cameron, 2009) a témoigné de la fin des effets spéciaux dans le cinéma, entendus comme des séquences occasionnelles spécifiquement travaillées en vue de créer une illusion de réalité au sein d'une trame générale. L'épopée sur la planète Gaïa a signalé l'ère de l'*indistinction numérique,* soit un ensemble compositionnel se constituant sans heurt entre plans directement saisis par les caméras digitales, pouvant être retouchés au pixel près, et ceux formés par des générateurs d'images de synthèse empreints d'une force de réalisme toujours plus saisissante. Par la suite, de nombreuses productions hollywoodiennes ont repris ou intensifié ce principe d'une hybridité entre divers régimes iconiques, interdisant progressivement à la perception de les distinguer clairement. Dimension particulièrement emblématique dans les films *Pacific Rim* (Guillermo del Toro, 2013), (dont cinq cents des mille cinq cents plans, soit un tiers, ont été constitués *via* des logiciels d'animation 3D), *Oblivion* (Joseph Kosinski, 2013), *Cloud Atlas* (Lana et Andy Wachowski, 2013), *Elysium* (Neill Blomkamp, 2013), *Lone Ranger* (Gore Verbinski, 2013), *La Planète des singes* (Matt Reeves, 2014)… Cette indistinction à l'œuvre dans une part substantielle du cinéma américain depuis le début de la deuxième décennie du XXIe siècle exemplifie à l'extrême un *effet de réalité,* celui qui voit l'enveloppement indéfiniment croissant des existences par des flux numériques.

En raison de cette immersion ou de cette confusion, il convient de *marquer une distance,* d'être capable de saisir, au-delà de la vitesse et de la profondeur d'imprégnation des technologies, la nature des structures qui se mettent en place. Il devrait revenir au pouvoir politique d'établir des cadres d'évaluation et de décision non soumis à la séduction ou au vertige des innovations et des discours. Pourtant, c'est ce même pouvoir politique qui ne s'est pas suffisamment soucié de prendre en compte la puissance progressivement gagnée par le numérique, l'ayant envisagé depuis une vingtaine d'années d'après ses seules potentialités économiques, a exploité ses ressources à des fins militaires et sécuritaires, et s'est généralement contenté de rédiger des textes législatifs au gré des circonstances. Face au techno-pouvoir il s'est effacé, lui a concédé une forme de « pleins pouvoirs », supposant qu'une sorte de régulation « naturelle » finirait tôt ou tard par s'imposer; or comme l'analysait à juste titre Jacques Ellul: « Le système technicien n'est pas capable de s'autocorriger[1]. » Assertion qui doit être prolongée par celle plus politique de Montesquieu énoncée au XVIII^e siècle, empreinte d'une singulière résonnance et pertinence contemporaines: « Pour qu'on ne puisse abuser du pouvoir, il faut que par la disposition des choses, le pouvoir arrête le pouvoir[2]. »

C'est la portée *de facto* politique revêtue par l'économie du numérique qui doit être affirmée. Orientation qui ne suppose ni une hyperactivité consistant à soumettre chaque innovation à un protocole d'évaluation publique, ni *a contrario* à reprendre avec désarroi ou avec une passivité coupable la formule éculée prétendant que le régime politico-juridique se situe comme structurellement « à la traîne » du rythme indéfiniment accéléré imprimé par le monde technico-industriel. Dimensions inopérantes dès qu'il s'agit de privilégier un *cadre fondamental* soucieux de faire respecter quelques exigences jugées consubstantielles à la viabilité et à la vitalité de nos démocraties. C'est cela que le pouvoir politique ne s'est pas soucié de défendre à la mesure de ses prérogatives historiques. Günther Anders affirmait au début des années 1990 que la question nucléaire représente la « *res* la plus *publica* de toutes les *res publicae*. S'y intéresser est un devoir démocratique[3]. » Les technologies numériques représentent aujourd'hui la « *res* la plus *publica* de toutes les *res publicae* », par leur pouvoir de gouvernementalité sans cesse croissant exercé sur le cours individuel et collectif des existences. Devoir qui doit se formaliser par de multiples procédés, supposant au préalable une compréhension lucide des modèles qui se sont discrètement mis en place depuis une vingtaine d'années et qui ne cessent de se perfectionner, ne devant plus être perçus à l'aune du sempiternel et exclusif critère économique. Mode de raisonnement qui a sournoisement occasionné nombre de ravages, notamment sur les libertés publiques, dont les révélations d'Edward Snowden ont montré l'étendue à l'échelle globale.

C'est à l'établissement d'un « Parlement des données » à hauteur nationale, européenne et mondiale auquel il faut en appeler, se déployant de façon multipolaire et en réseau au sein des divers parlements. Parlements qui doivent intégrer cette activité comme une branche désormais décisive de l'élaboration législative, procédant *régulièrement* à des examens, à des auditions, à des évaluations et émettant des projets de loi, à l'écart du réflexe souvent impulsif consistant à former des commissions temporaires, dont les conclusions et préconisations sont la plupart du temps, soit repoussées aux calendes grecques, soit vite abandonnées. Un « Parlement des données », à l'instar du « Parlement des choses » imaginé et défendu par Bruno Latour, entendu comme l'occasion d'exposer sur la scène publique des enjeux rejetés du côté de la seule science et de les faire entrer en politique[4]. Instance appelée à se saisir activement de ces *questions publiques* cruciales et à encourager la participation des « citoyens de bon sens », conformément à la notion de *common decency* élaborée par George Orwell, *a priori* dénuée de toute inclination outrageusement partisane. Exigence qui renoue avec « les controverses publiques » ou les « *public understanding* » qui permettaient aux individus de comprendre les processus par lesquels les vérités sont produites et s'imposent, ne faisant plus aujourd'hui l'objet de débats ou de polémiques à la hauteur des enjeux. Le techno-pouvoir, par sa puissance économique, la force de séduction exercée par ses productions et l'habileté du marketing à entretenir son prestige, aura à la fois contribué à affaiblir la distance critique des consommateurs et à marginaliser l'idée arendtienne d'« action concertée ».

La fonction de la délibération et de la décision législatives consiste prioritairement à définir en commun et dans la contradiction des limites estimées infranchissables. C'est cet indispensable effort politico-juridique qui ne s'est pas suffisamment déployé au cours des deux dernières décennies et qui a, par exemple, laissé dans un premier temps tout pouvoir à la firme Google d'entreprendre en 2004 la numérisation de livres à grande échelle, dont une partie était pourtant placée sous le régime de la propriété intellectuelle. L'entreprise ne s'est alors pas seulement contentée d'ignorer le droit, mais l'a défié frontalement, affirmant dans les faits que ce type de dispositif « favorisant l'accès à la connaissance » devait être initié par elle-même et ne pas être encadré ou limité par les institutions politiques. À cette enseigne, il est pertinent d'évoquer un retard du politique à l'égard de la technoscience contemporaine, non pas par un fait structurel, mais par mégarde ou indifférence. Une juste régulation ne suppose pas de devancer les phénomènes, mais d'établir un cadre inconditionnel et cependant évolutif. C'est la nature à la fois inflexible et flexible du politique qui doit être pleinement réaffirmée. Si de tels comportements ont pu être adoptés, c'est que les technologies numériques ont progressivement et insidieusement marginalisé – dans sa légitimité juridique même – le souci du commun propre à tout corps social : « L'œuvre juridique répond au besoin, vital pour toute société, de partager un même devoir-être qui la prémunisse de la guerre civile. Les conceptions de la justice changent évidemment d'une époque à une autre et d'un pays à l'autre, mais le besoin d'une représentation commune de la justice dans un pays et à une époque donnée, lui ne change pas. Le droit est le lieu de cette représentation, qui peut être démentie par les faits, mais donne un sens commun à l'action des hommes[5]. »

Il n'est pas acceptable en démocratie que la valeur structurante du droit soit bafouée. C'est une nouvelle *conscience politique, juridique et citoyenne* qui doit émerger, ne consistant pas à réagir sur le moment à des révélations ou à des événements marquants, mais à saisir la puissance d'intelligibilité du réel permise par le traitement computationnel ainsi que l'étendue de ses possibles effets. C'est pourquoi une sorte de « constitution mondiale des données », ou de « New Deal » à échelle globale s'avèrent aujourd'hui impératifs, visant à garantir au cours des évolutions le respect de certains points jugés fondamentaux, portant notamment sur la clarté des clauses d'utilisation, sur la nature de certains systèmes trop opaques, sur l'ampleur de la connaissance des comportements induite par la prolifération des objets connectés, sur les durées de conservation des traces numériques, sur la possibilité à tout moment de connaître leurs usages, de les rectifier ou de les effacer, sur le consentement lucidement déclaré à les céder ou non à des tiers, sur l'impossibilité de les exporter vers un autre pays même sous demande rogatoire… Le temps n'est plus à de nouvelles Lumières, mais à celui d'un *éclaircissement partagé* et affirmé dans la loi, relativement aux processus et aux modalités techniques qui structurent toujours plus profondément nos vies individuelles et collectives.

## –2
# DE LA RESPONSABILITÉ DU POUVOIR POLITIQUE

Ce qui est nommé « gouvernance de l'Internet » relève en premier lieu de l'Icann (Internet Corporation for Assigned Names and Numbers), organisme à but non lucratif créé par Bill Clinton en 1998, chargé d'attribuer les noms de domaines et de garantir la sécurité, la stabilité et la coordination mondiale du système d'identificateurs uniques. Son fonctionnement est assuré par un conseil de surveillance et par des membres permanents. Il est également fondé sur le principe d'une participation multi-acteurs (*multistock holders*), faisant en théorie appel à la libre contribution de tous. Sa mission ne se cantonne pas à garantir une bonne administration du réseau, mais aussi à veiller autant que possible à la préservation des libertés publiques. Il a par exemple été affirmé, lors du sommet du NETmundial qui se tint en 2014 à Sao Paulo, que le premier principe de la gouvernance de l'Internet est celui des droits humains.

Outre les bonnes intentions, l'impératif actuel requiert, au-delà des seules questions relatives à l'Internet, de se confronter à celles décisives induites par la réduction à terme intégrale du monde à des données numériques stockables et exploitables. Exigences qui nécessitent l'agrément d'accords à hauteur internationale, mais qui font l'objet de dissensions, d'abord entre les États-Unis et les Européens, ensuite entre ce vaste ensemble géopolitique occidental et de nombreux pays dits « émergents », particulièrement les BRICS (Brésil, Russie, Inde, Chine et Afrique du Sud). Ce sont de multiples enjeux à portée politique, économique, juridique, éthique, qui doivent être pleinement saisis et faire l'objet de débats, de controverses et de décisions, menés à la même échelle globale que celle prévalant sur la Toile. Seule une harmonisation régulièrement ordonnancée par les États et soucieuse de préserver les principes fondamentaux peut assurer que ce ne soit pas le secteur privé qui impose de lui-même et sans opposition ses propres règles.

C'est grâce au courage dont a fait preuve Edward Snowden que de graves manquements au droit ont été révélés au monde. C'est grâce au courage d'une seule personne qu'ont pu être attestées nombre de pratiques éminemment répréhensibles menées par la NSA. C'est pourquoi un statut juridique à dimensions nationale, européenne et internationale doit pouvoir être garanti aux « lanceurs d'alerte » si leur bonne foi est avérée, de façon à ce que les agences de renseignements autant que certains organismes publics ou privés qui violeraient les principes auxquels ils sont supposés se soumettre soient à juste titre publiquement dénoncés. À cet égard, l'initiative lancée en 2013 par Teun Gautier, directeur de l'hebdomadaire néerlandais *Groene Amsterdammer*, recouvre une valeur civique par sa volonté de mettre en place, en coopération avec plusieurs organes de presse, une plateforme spécifiquement dédiée aux lanceurs d'alerte : « "Ils sont un maillon essentiel dans le système démocratique de l'équilibre des pouvoirs. Nous devons encourager cette démarche courageuse." Selon lui, le plus simple serait de créer un site Internet sécurisé, commun à plusieurs médias, sur lequel les lanceurs d'alerte viendraient apporter leurs témoignages et transmettre leurs documents sans se faire connaître de quiconque – pas même des journalistes, qui, parfois, protègent mal leurs sources[6]. »

C'est encore un nécessaire réexamen des politiques publiques de création de pôles *high-tech* qui devrait être mené, dans la mesure où elles soutiennent majoritairement les start-up qui concourent à la « servicisation de l'existence » par l'élaboration de projets possiblement tout aussi voraces que ceux menés par leurs ainées qui de surcroît occupent aujourd'hui des positions oligopolistiques. C'est enfin l'Europe, terre historique de l'humanisme et de l'esprit démocratique, qui devrait davantage se faire entendre en maintenant d'impératifs rapports de force avec les États-Unis, dont un des axes politiques majeurs consiste à soutenir coûte que coûte leurs entreprises, particulièrement celles de haute technologie et de traitement de données.

L'enseignement scolaire et universitaire devrait pouvoir favoriser un rapport informé et critique entretenu à l'environnement numérique. C'est toute une philosophie éducative fondée sur une compréhension active des phénomènes qui doit être encouragée : « Le fait d'être conscient de la manière dont les interfaces, les outils et les programmes influencent notre comportement est si précieux[7]. » Exigence qui nécessite au préalable d'en finir avec le réflexe fonctionnaliste consistant à suivre le cours supposé inéluctable de l'histoire et à introduire de façon brusque et massive des tablettes numériques à l'école primaire et au collège. Steve Jobs, peu avant sa mort, avait recommandé à ses équipes marketing d'exercer une pression auprès des écoles afin que les élèves apprennent directement à lire *via* des iPad en vue de marginaliser l'usage des manuels imprimés. C'est cela la puissance ou l'arrogance du techno-pouvoir, qui entend sans état d'âme déterminer les modes d'apprentissage au nom d'intérêts privés. Car le marché de l'éducation à échelle mondiale constitue un horizon inépuisable et sans cesse renouvelé de profits.

Dans les faits, c'est un nouvel environnement cognitif qu'induirait l'introduction massive de tablettes, dans la mesure où l'interconnexion entraîne notamment une dispersion de l'attention, favorisée par la multiplicité de fonctionnalités intégrées à un même terminal (traitement de texte, navigateur Internet, messagerie...). C'est encore le temps passé devant les écrans qui devrait s'amplifier, dont l'impact sur la santé physique et mentale est régulièrement confirmé par de nombreuses études qui témoignent d'effets sur l'obésité, de troubles psychiques et d'addiction, d'une réduction de l'espérance de vie. L'honneur de l'école consiste à inscrire le champ de son action au sein de son milieu contemporain tout en maintenant une salutaire forme d'écart. C'est ce qu'offre le livre imprimé, objet physiquement clos à lui-même mais ouvert à toutes les expériences de la connaissance et de l'imaginaire. Il s'expose au regard dans une altérité située à distance qui appelle la concentration, indispensable à la réflexion et à la maturation du savoir. Ses vertus éprouvées depuis des siècles ne peuvent être méprisées ou balayées d'un coup de main par quelques décisions hâtives. On voit à quel point ces projets qui engagent des enjeux majeurs de société devraient faire l'objet de débats et de controverses publics. Le pouvoir politique subit une pression croissante exercée par le lobbying numérico-industriel, lui faisant miroiter une fluidification et une optimisation de la vie grâce à ses systèmes de rationalisation computationnelle, déjà à l'œuvre dans les programmes de l'*Open data* ou des *smart cities*.

À ce titre, l'enseignement du code à l'école participerait d'une compréhension des mécanismes internes, des logiques qui les guident, de la façon dont les processus et les usages sont définis ou conditionnés de manière algorithmique : « Il importe peu de comprendre les détails du fonctionnement très complexe d'un processeur ou d'une carte graphique. Il est par contre essentiel de maîtriser les bases de l'algorithmique et de sa mécanique du raisonnement. […] Surtout il est indispensable de comprendre le sens d'une information, comment elle est représentée, comment elle est organisée[8]. » Apprentissage qui autorise également la conception individuelle de programmes, érigeant l'écriture du code comme une modalité de subjectivation revêtant une valeur désormais égale à celle de l'écriture des langues naturelles. Un des enjeux majeurs regarde la nécessaire réappropriation des protocoles numériques par les individus, non pas de ceux existant en l'état, mais de ceux pouvant faire, par la libre créativité des personnes, l'objet d'autres fonctionnalités non strictement utilitaristes et commerciales. Plus largement, c'est une culture de la science, de la technique, des machines, des algorithmes, des langages de programmation et de leur portée sociale, économique, politique, qui devrait être instituée, celle dont Gilbert Simondon déplorait déjà l'absence à son époque. C'est un projet éducatif à la fois contemporain et situé dans un juste écart que le pouvoir politique devrait dans le cadre de ses compétences favoriser, en concertation avec l'ensemble des parties concernées.

Plutôt que de se désoler d'une résignation du politique à ne pouvoir contenir l'extrême puissance du techno-pouvoir, c'est la chance d'une revitalisation qu'il faut saisir. Cornelius Castoriadis avait à juste titre insisté sur la nécessité d'entretenir sans relâche les vertus propres au processus politique : « Le projet d'autonomie, la réflexion, la délibération, la raison ont été déjà créés, ils sont déjà là, ils appartiennent à notre tradition. Mais cette *condition* n'est pas *fondation*[9]. » Le techno-pouvoir, lui, se moque de la politique institutionnelle, la pousse à procéder à des arrangements et à des compromissions, cherchant à marginaliser son champ d'action, à défaire tout acquis historique autant qu'à décrédibiliser des siècles de réflexions philosophico-politiques. Il faut à nouveau convoquer *L'Esprit des lois* de Montesquieu et son principe cardinal de « séparation des pouvoirs », qui appelle de soutenir le pluralisme et les contre-pouvoirs. C'est à ce titre qu'il revient, au-delà des seules instances représentatives, aux citoyens et à toutes les forces de la société d'opposer de salutaires rapports de force autant que de dessiner et d'expérimenter une multitude d'autres schémas possibles.

## –3
## « L'ODYSSÉE DE LA RÉAPPROPRIATION[10] »

« Les éléments techniques se combinent et tendent de plus en plus à se combiner entre eux spontanément, si bien que le rôle de l'homme se bornerait à celui d'appareil enregistreur, constatant l'effet des techniques les unes sur les autres et leurs résultats[11]. » Probablement avons-nous tous été au cours des vingt dernières années, et à des degrés divers, des « appareils enregistreurs ». Cette formule énoncée il y a plus d'un demi-siècle par Jacques Ellul recouvre une singulière résonnance contemporaine et ne doit pas être entendue comme un seul constat, mais comme un *appel* à se détacher du rythme imprimé par les développements technologiques, à entretenir une nécessaire *posture critique*. C'est à une « politique de nous-mêmes[12] » (Foucault) à laquelle nous devrions nous engager en cette période historique décisive. Gilles Deleuze, dans *Différence et Répétition*[13], définissait le virtuel comme un réservoir de différences et de multiplicités constitutif même du réel, c'est cette pleine virtualité-là de *notre réel* qu'il faut faire jouer. C'est une réappropriation des situations qui doit être entreprise grâce à notre « pouvoir d'agir » (*empowerment*[14]), à notre capacité à « faire l'histoire », selon la formule de l'historien Christophe Bouton[15], ou à l'exercice de notre puissance de « faisabilité », selon les termes d'un autre historien, Reinhart Koselleck[16]. Ce n'est pas un hasard que ce soient des historiens qui ont proféré de tels propos, car ils savent saisir dans l'histoire sa virtualité *a posteriori* uchronique, qui aurait pu à tout moment être autrement constituée, appelant à dessiner au présent, individuellement et collectivement les formes de nos destinées.

C'est la production d'un *contre-imaginaire*, dans l'esprit et dans la langue, qui doit être déployée. À cet égard, il conviendrait de ne plus accepter les vocables et notions vite entendus, les techno-discours, et les soumettre à de nécessaires examens critiques. Il relève d'une urgence de fabriquer de nouvelles formes de contre-cultures, celles de notre temps, capables de faire valoir de partout dans la pensée et la *praxis*, du minoritaire et du différent, du différend autant que du divergeant : « Pour moi, la contre-culture en philosophie, c'est la possibilité de proposer un lien entre un diagnostic critique d'un état de la société et les possibilités pratiques qui naissent de ce diagnostic. Ce n'est pas seulement faire un diagnostic critique, c'est aussitôt poser la question des allures de vie que l'on peut expérimenter à partir de ce diagnostic critique. Autrement dit, j'entends par contre-culture le foyer d'une expérimentation vitale, ouverte par la pratique de la critique[17]. »

Cette capacité de marquer une juste distance à l'égard des phénomènes et d'agir en conscience sur le cours des choses nous constitue en tant qu'individus impliqués dans un ensemble social, capables de définir et de faire émerger autant que possible les conditions d'existence les plus souhaitables. Impératif civique et politique qu'avait régulièrement formulé Simone Weil : « La société la moins mauvaise, celle où le commun des hommes se trouve le plus souvent dans l'obligation de penser en agissant, a les plus grandes possibilités de contrôle sur l'ensemble de la vie collective et possède le plus d'indépendance[18]. » Ce sont des « utopies concrètes[19] » qui doivent nous inspirer, œuvrant grâce à la libre volonté des personnes et à une « espérance éclairée » à la réalisation d'alternatives à la fois *désirables et réalisables*. C'est la belle notion de « potentiel de réalisation » développée par Norbert Elias qui, lorsqu'elle s'articule à des « futurs possibles », ouvre sans limite le champ de l'action positive : « L'utopie concrète est liée aux formes et aux contenus qui se sont déjà développés au sein de la société actuelle. [...] Les utopies sont des tentatives pour esquisser un tableau imaginaire d'une société, contenant des possibilités de solution aux problèmes non résolus d'une société réelle[20]. »

On doit reconnaître aux *hackers* une forme d'antériorité historique à avoir refusé des modèles opaques et uniquement marchands et à avoir créé de la divergence. C'est un nécessaire distinguo qui doit être opéré entre *hackers* (personnes maîtrisant les langages de programmation) et *crackers* (personnes malintentionnées se livrant à du sabotage et à du piratage informatique). Les « *white hackers* » inspirés par des logiques de détournement, de réappropriation, de libre inventivité à partir du code, ne se satisfont pas de l'état des choses, savent saisir les déficiences et décrypter les intentions inavouées, étant disposés à divulguer par des gestes concrets des pratiques abusives ou délictueuses. Disposition qui aspire indissociablement à ériger d'autres modes de vie, fondés sur l'autonomie dans le travail et la coopération désintéressée avec les pairs, conformément à une « éthique du *hacker* » opposée à l'éthique protestante strictement fonctionnaliste du capitalisme historique, telle qu'analysée par Max Weber. Peut-être saisissons-nous seulement aujourd'hui que les *hackers* représentèrent, à l'écart de l'image biaisée qui leur était affectée, une forme pragmatique de contre-pouvoir capable d'inspirer dans l'esprit des modes d'action à venir. Le philosophe John Dewey (1859-1952) ne concevait pas la démocratie en tant que procédure, mais en tant qu'expérience quotidienne impliquant le don, l'association et la coopération, manifestés par un foisonnement d'actes discrets modifiant vertueusement le cours général des événements et mis en œuvre par des sortes de « héros ordinaires ».

Mouvement *hacker* proche des cultures du logiciel libre et de l'*open source*, qui ont su également politiser dans la *praxis* le rapport aux techniques, promouvant le développement de programmes ouverts et interopérables, à la différence de ceux élaborés par Microsoft par exemple, opaques et fermés, imposant le *vendor lock-in*, soit la dépendance à une seule entreprise fournissant des logiciels « propriétaires » verrouillés. Le logiciel libre initié par Linux repose sur la transparence de la structuration du code source et permet, suivant des modalités précisément définies, de continuellement perfectionner un système grâce à de multiples contributions qui participent de modifications et d'améliorations successives en théorie consultables par tous.

Certains voudraient voir dans l'économie dite « contributive », « collaborative » ou du « partage » l'amorce de solutions alternatives dotées de vertus « citoyennes » et « écologiques » puisque supposées favoriser les relations entre les personnes, la mutualisation des biens et le circuit court dans les échanges. Principe qui consiste à permettre à des individus ou à de petites entités de monnayer des produits ou des services, ou à mettre des ressources en commun afin de rendre possible la réalisation de projets conformément à la logique du « *crowdsourcing* ». Dans les faits, il relève d'une forme d'aveuglement de ne pas saisir que la grande majorité des échanges s'opère *via* des plateformes privées qui structurent la visibilité des offres ainsi que les communications entre les personnes, gérant les transactions et les ponctionnant d'un pourcentage, à l'instar du site de location de chambres ou d'appartements Airbnb qui en quelques années est devenu l'une des principales compagnies de l'Internet. Pratiques qui à y voir de près ne représentent en rien un modèle alternatif, mais qui bien davantage participent du mouvement général de la marchandisation de la vie, particulièrement de celle des rapports humains, à l'apparence conviviale et *cool*, qui s'accompagnent de discours enthousiastes analogues à ceux ayant eu cours au moment de l'émergence de la nouvelle économie au milieu des années 1990. En cela, ces schémas n'annoncent pas « la fin du capitalisme » tel que l'affirme le futurologue exalté Jeremy Rifkin[21], mais signalent plutôt l'émergence d'une forme horizontalisée et massive des échanges majoritairement soutenue par des entreprises.

Un autre axe possible consiste à élaborer des stratégies mettant directement en crise le modèle basé sur l'exploitation tous azimuts des traces numériques, grâce à des techniques de communication chiffrant les données, tel le protocole de sécurisation des échanges SSL ou celui crypté Thor. Orientations qui répondent au souci éminemment politique visant à développer une ingénierie et un design favorisant autant que possible un rapport lucide entretenu aux interfaces et aux programmes. À cet égard, le *Critical Engineering Manifesto*[22], rédigé par des ingénieurs, représente une déclaration d'intention hautement pertinente : « L'ingénieur critique considère l'ingénierie comme le langage le plus percutant de notre époque modélisant nos manières de nous déplacer, communiquer et penser. Le rôle de l'ingénieur critique est d'étudier et d'exploiter ce langage – de montrer son influence. [...] L'ingénieur critique déconstruit et incite à la méfiance face aux expériences utilisateurs luxuriantes. » Dessein qui prolonge en quelque sorte le positionnement de l'artiste Laszlo Moholy-Nagy qui avait affirmé au cours des années 1930, au moment de l'industrialisation massive des sociétés, que le « design n'est pas une profession, mais une attitude[23] ».

De tout autres modalités peuvent autant être adoptées, celles consistant à marquer une nécessaire distance à l'égard des flux numériques, à introduire des séquences de vide, à se détourner des constantes sollicitations, à refuser le régime de vérité algorithmique qui ne cesse de s'imposer à l'existence. Registres d'attitudes qui aspirent à une forme de « sobriété heureuse » (Hannah Arendt), d'après une notion reprise par Pierre Rabhi.

Ou qui manifestent une forme délibérée d'*inadaptation*, telle celle revendiquée par Günther Anders, qui dans *L'Obsolescence de l'homme*[24] se dit « inadaptable » (*unadaptable fellow*), se situant volontairement dans un écart salutaire. Posture qui devrait pouvoir être reprise positivement et sans mélancolie, par le fait de libres décisions se modulant indéfiniment au gré des moments ou des exigences propres à chacun. C'est le travail d'un autre ordre de la raison, non strictement utilitariste, qui s'avère aujourd'hui impératif : « Contre cette rationalisation de l'existence, Weber n'apercevait de salut que dans la liberté irrationnelle, totale, qu'il revendiquait[25]. »

Plutôt que d'être des « déviants », décrits par Ellul comme des victimes marginalisées du « système technicien », c'est à une « divergence volontaire » qu'il faut en appeler, déployant autant d'actes d'exception qu'il y a d'individualités libres. Probablement que chacun d'entre nous devrait s'envisager de temps à autre tel un « Henry David Thoreau en puissance », Henry David Thoreau qui avait radicalement refusé le mode de vie induit par l'expansion de la civilisation industrielle, ayant décidé d'aller vivre en pleine nature et de résider dans une cabane qu'il s'était lui-même construite au bord de l'étang de Walden dans le Massachussetts : « Je gagnai les bois parce que je voulais vivre suivant mûre réflexion, n'affronter que les actes essentiels de la vie, et voir si je pouvais apprendre ce qu'elle avait à enseigner, non pas, quand je viendrais à mourir, découvrir que je n'avais pas vécu[26]. » Posture radicale qui a en quelque sorte inspiré celles menées par Christoph Koch[27], Susan Maushart[28] et d'autres, qui ont volontairement interrompu toute connexion durant de longues périodes, souffrant dans un premier temps du sevrage et éprouvant par la suite la singulière sensation de « vivre pleinement », de ne plus être continuellement branchés à des serveurs ou soumis à la sempiternelle attente de messages d'autrui, profitant de toutes les virtualités offertes par l'expérience sensible. Notre période appelle à coup sûr de cultiver l'art de la suspension ou de l'interruption (Hermann Hesse[29]) et de ne pas chercher sans fin à raccorder le cordon ombilical qui atteste dans les faits selon le psychiatre Donald Winnicott d'un « déni de la séparation[30] ».

## –4
# SCIENCES HUMAINES ET RAISON NUMÉRIQUE

Dans un article intitulé «The end of theory[31]», l'ancien rédacteur en chef du magazine *Wired* et entrepreneur Chris Anderson affirmait que la puissance d'interprétation des phénomènes offerte par le traitement des données rendait dorénavant obsolète toute analyse scientifique et théorique des faits. Leur compréhension serait désormais déduite de statistiques «agnostiques». Dimension froide et objective qui témoignerait précisément de la valeur de l'«heuristique computationnelle»: «C'est un monde dans lequel des quantités massives de données et les mathématiques appliquées remplacent tous les autres outils qui pourraient être utilisés. Exit toutes les théories sur les comportements humains, de la linguistique à la sociologie. Oubliez la taxinomie, l'ontologie et la psychologie. Qui peut savoir pourquoi les gens font ce qu'ils font? Le fait est qu'ils le font, et que nous pouvons le tracer et mesurer avec une fidélité sans précédent. Si l'on a assez de données, les chiffres parlent d'eux-mêmes[32].» Position éminemment réductrice et simplificatrice, emblématique d'une culture économique et technologique libertarienne californienne qui a cherché en quelques lignes à congédier des siècles de tradition scientifique et épistémologique. Allégation qui fut partout reprise et commentée, alors que son inconséquence et son absurdité auraient dû la cantonner à une juste indifférence.

Or, c'est précisément contre cette tentative d'alignement du travail de la raison et de la pensée à la vérité de «chiffres qui parlent d'eux-mêmes» qu'une partie des sciences humaines doit se développer, en vue de s'opposer à ces assauts réductionnistes, d'analyser les conditions de production de tels discours, autant que de celles qui participent sous de multiples formes de l'instauration de modes de rationalité strictement utilitaristes. Si de nombreux corpus ont été produits depuis une trentaine d'années, ils ont dans leur grande majorité été déterminés par des logiques partisanes. Ces enjeux qui font l'objet de puissantes crispations conduisent généralement à se ranger à des « clans d'appartenance », à des sortes de « chapelles », dont il est possible de dresser les différentes typologies.

La première catégorie regarde les prospectivistes ou futurologues, qui ont bénéficié d'une large visibilité au cours des dernières décennies. Leurs conjectures sont généralement caractérisées par un paradoxe, qui veut qu'au moment où ils formulent leurs théories, de nombreuses personnes ou organes de presse leur accordent du crédit, voire de la « foi », et dont on s'aperçoit quelques années plus tard, mais sans jamais y revenir sérieusement, qu'elles relevaient d'affabulations. Propos qui sur le coup peuvent susciter quelque intérêt, particulièrement par la force de séduction exercée par l'idée du futur sur les esprits. Le souhait non dit qui les anime est double. D'abord, celui de se positionner en prophètes ou « voyants de l'avenir » les parant d'une forme d'aura. Ensuite, celui de formuler des prophéties possiblement autoréalisatrices répondant à leur propre intérêt. Car ces personnes sont souvent liées à des groupes privés, concourant par leurs paroles à légitimer de nouveaux horizons industriels pouvant par ailleurs faire l'objet de scepticisme ou d'inquiétude. On aura reconnu les deux hérauts emblématiques de cette catégorie, le futurologue transhumaniste Ray Kurzweil, membre actif de Google, qui inspire par ses visions nombre de projets de l'entreprise, et le prospectiviste Jeremy Rifkin, qui a notamment monnayé ses services de consultant auprès de l'Union européenne relativement à des questions énergétiques, tout en étant appointé par des entreprises du secteur, d'après un troublant conflit d'intérêts.

La deuxième renvoie aux « tendancialistes », qui eux sont moins futurologues que « capteurs de tendances », ne cessant d'annoncer depuis deux décennies et à intervalles réguliers des « révolutions » successives, certes brusques ou parfois traumatisantes, mais pleines de promesses pour ceux qui sauront les exploiter : « Désormais, grâce à l'invention matricielle de neurones de verre et de silicium, un million de nouvelles structures sont possibles. Boom ! Une variété infinie de nouvelles formes et tailles d'organisations sociales deviennent possibles. Des formes inimaginables de commerce peuvent aujourd'hui s'agréger dans cette Nouvelle Économie. Nous sommes sur le point d'assister à un déferlement d'entités construites sur les relations et la technologie, qui rivaliseront avec les premiers jours de la vie sur Terre dans leur multitude[33]. » Leurs articles ou ouvrages à l'esprit fumeux, on le voit à cet extrait, revêtent néanmoins une efficace auprès de certains responsables économiques et politiques. Les figures les plus emblématiques de cette catégorie ont toutes exercé des responsabilités auprès du magazine californien *Wired* ou y ont régulièrement publié : Chris Anderson, Kevin Kelly, Tim O'Reilly, Clive Thomson…

Les troisièmes vantent la froideur factuelle ou l'« objectivité » de leurs travaux, soient les « sociologues des usages du numérique », caractérisés par une conviction commune selon laquelle la technique serait neutre et qu'elle ne manifeste sa vérité que dans les seuls usages. Chercheurs qui, à force d'observer quantité de cas de figure, trouvent *de facto* de bonnes raisons de croire que les systèmes revêtent des vertus positives, puisqu'ils satisfont ici ou là les utilisateurs, en omettant au passage d'analyser les structures, les schémas, les intentions, qui de part en part les déterminent. En outre, ces personnes sont souvent employées par des entreprises de télécommunication et de l'Internet

(Microsoft, Orange…), d'après une promiscuité qui témoigne de formes de conflits d'intérêts qui devraient alerter. C'est davantage une « sociologie longitudinale » qui s'avère impérative, capable de prendre en compte les cadres de production des techniques et les intentions qui les meuvent, la nature des relations qui se tissent entre ingénieurs, groupes économiques et responsables politiques, les conditions de formation des discours, autant que le pouvoir de fascination exercé sur les usagers grâce au design des interfaces et à la puissance du marketing. Dimensions distinctes qui devraient être analysées tant isolément que dans leurs articulations et effets d'entraînement, pour une sociologie reliant alors systématiquement les usages au terrain complexe sur lesquels ils se déploient.

Les quatrièmes sont les « pharmacologues », qui imaginent que par la force de nécessaires aménagements, bientôt les technologies numériques, au lieu de contribuer massivement au projet général de rationalisation et de marchandisation intégrales du monde, devraient pouvoir être corrigées et offrir enfin leurs pleines potentialités vertueuses qui auraient été dévoyées par des entreprises et des pratiques intéressées et déloyales. Position qui pourrait relever d'une forme de bon sens, mais qui ne voit pas que dans leur dimension majoritaire, ces technologies ne se prêtent pas à des correctifs, mais qu'elles imposent de *façon structurelle* un régime de vérité, qui doit de partout être décrypté et miné autant que possible. Nous ne sommes plus dans une période qui pourrait encore croire en une ambivalence *in fine* pliable à nos souhaits et exigences, mais qui doit prendre en compte le découpage de tous les actes de la vie opéré par les systèmes computationnels, qui appelle l'édification de tout autres logiques, dont les structures techniques ou les modes possibles de vie interdisent *à la racine* toute ambiguïté pharmacologique.

Les cinquièmes sont les « techno-drama », qui perçoivent le monde de la technique comme une scène dramatique, les empêchant par une passion exacerbée et un excès d'affect de mener de froides et minutieuses analyses. Leur inclination les pousse à énoncer des solutions définitives, ne saisissant pas que toute hypothèse d'éradication radicale ne représente pas une « utopie concrète », qui appellerait davantage de mener un travail critique, autant que de dessiner des perspectives réalisables, non unilatéralement imposées, et pouvant être souhaitées par les individus et les sociétés. Ils sont minoritaires et n'occupent pas de places de pouvoir, au contraire de nombre de figures appartenant aux autres courants.

Les sixièmes enfin sont les « désillusionnistes », ceux qui ont fermement cru à la réalisation des utopies annoncées au cours des deux dernières décennies du XX$^{e}$ siècle et qui ont été contraints de dresser le constat amer de leur échec ou de leur inconséquence. Personnes qui depuis quelques années sont gagnées par une lucidité mêlée à une nostalgie peu fructueuse, mettant continuellement en rapport les rêves passés et les réalités présentes, refusant dans les faits de voir que la définition totalisante de la vie par les systèmes numériques prend sont origine dès les ambitions initiales de l'histoire de l'informatique. Les deux figures majeures de cette tendance sont Jaron Lanier [34] et Evgeny Morozov, qui a notamment publié un livre au titre évocateur : *The Net Delusion* [35].

De tout autres types d'approches devraient être engagés, moins pris par des illusions, des intérêts, des espoirs, des passions, que par la volonté de saisir de façon analytique et clinique sous de multiples formes les conditions d'élaboration et de diffusion de modes de rationalité spécifiques soutenus par la *technè* contemporaine. Ce sont de véritables *digital studies* qui doivent être entreprises, à l'instar de ce qu'ont pu produire les *cultural studies* ou les *gender studies*, qui depuis les années 1970 ne se contentent pas d'étudier certaines normes sociales puissamment à l'œuvre, mais qui simultanément portent leur attention sur les terrains culturels, idéologiques et composites qui les fondent et autorisent leur persistance. Il relève d'une partie de la philosophie, de l'anthropologie, de la sociologie, des sciences économiques, politiques et juridiques, d'examiner les généalogies historiques, les formalisations techniques, leurs intentionnalités plus ou moins décryptables, les intérêts à l'œuvre, les possibles collusions entre des domaines supposés séparés, les jeux de pouvoirs qui s'opèrent, les discours qui se trament et se généralisent, les comportements qui s'instituent. C'est une aventure plurielle de recherche portant sur l'algorithmisation de la vie qui doit être entreprise, ouverte en outre à l'expérimentation de stratégies possibles et désirables.

Dans les faits, c'est une large phénoménologie des structures et des effets qu'il revient à une partie des sciences humaines d'entreprendre, à l'écart de tout savoir computationnel restrictif. Selon Karl Popper, les sciences humaines, parce qu'elles sont incapables d'énoncés prédictifs testables, et donc réfutables, ne relèvent pas de la science, recouvrant une spécificité qui préserverait la liberté humaine, source de vie et de création [36]. On aura compris à travers ce présent ouvrage et ces quelques lignes que c'est à l'intérieur de ces dimensions analytiques et critiques que j'inscris mon entreprise de recherche, qui ne s'envisage que comme une brique à l'intérieur d'un large ensemble divers et exigeant. C'est l'honneur de la mise à distance théorique, de la pensée réflexive, que de ne pas être soumises aux logiques prioritairement fonctionnalistes entretenues par le numérique, de faire en sorte qu'elles puissent défaire les évidences, exposer l'étendue des forces à l'œuvre et offrir des outils d'intelligibilité capables d'inspirer de près ou de loin des gestes individuels et collectifs déployés en toute conscience.

# —5
# UNE ÉTHIQUE DE LA *TECHNÈ* CONTEMPORAINE

« L'apparition de l'outil parmi les caractères spécifiques marque précisément la frontière particulière de l'humanité, par une longue transition au cours de laquelle la sociologie prend lentement le relais de la zoologie. Au point où se trouve le zinjanthrope, l'outil apparaît comme une véritable conséquence anatomique, seule issue pour un être devenu, dans sa main et sa denture, complètement interne et dont l'encéphale est organisé pour des opérations manuelles de caractère complexe[37]. » Nous savons, preuves à l'appui, depuis les travaux de paléontologie menés par André Leroi-Gourhan, à quel point les artefacts développés par les humains depuis la préhistoire n'ont cessé d'opérer des effets de rétroaction sur les gestes, les comportements, les postures corporelles, allant jusqu'à interférer sur les structures du cerveau. Les instruments techniques ne répondent pas seulement à des fonctionnalités précises, ils déterminent depuis des millénaires une anthropologie continuellement enchevêtrée à des prothèses externes. Aujourd'hui, nous saisissons que la *technè* contemporaine a intensifié sans commune mesure cette faculté d'imprégnation sur les individus et les sociétés. Alors que les technologies numériques régissent un nombre sans cesse extensif de nos activités, modifiant jusqu'au cadre de la cognition humaine, elles n'ont pas fait jusqu'à maintenant l'objet d'examens éthiques à la mesure de leur puissance d'influence indéfiniment croissante. Une *éthique de la technique* a manqué au cours de l'histoire et manque à notre présent.

Une décorrélation s'est maintenue entre la technique et l'éthique, comme si la fascination exercée par les inventions humaines depuis la Chine ancienne, la Grèce antique, durant les Lumières et jusqu'à nos jours, avait occulté la portée de leurs incidences sur l'ontologie humaine. L'étendue des perspectives économiques offertes par les technologies de rationalisation industrielle et de télécommunications depuis le début du XXe siècle a contribué à amplifier cette disjonction. L'horizon des profits virtuellement inépuisables dégagé depuis une vingtaine d'années par l'économie de l'Internet, des systèmes computationnels et du traitement des données, l'a comme définitivement entérinée. Or, c'est précisément au moment où les protocoles numériques exercent un pouvoir et une pression sans précédent sur les existences qu'il relève d'un enjeu civilisationnel de les mesurer à l'aune d'exigences éthiques. À la différence de la morale, l'éthique ne cherche pas à évaluer tout domaine de la vie en fonction de catégories établies et variables selon les traditions historiques, les appartenances culturelles et cultuelles, ou les idéologies. Elle considère que l'humain recouvre en propre certaines dimensions fondamentales inaliénables et consubstantielles à son bien-être, qui quelles que soient les circonstances et les évolutions doivent être sauvegardées, entretenues et développées. Face aux continuelles perturbations opérées par le régime numérique, c'est suivant trois niveaux que devrait être déployé un travail éthique.

D'abord, celui consistant à se soucier de la sauvegarde de valeurs jugées fondamentales, qui malgré les soubresauts induits par les transformations techniques, sociales et culturelles, recouvrent une pertinence transhistorique. Tels le droit à la liberté des individus, celui de pouvoir bénéficier d'une vie privée, l'impératif de ne pas faire violence à autrui sous une forme ou une autre, notamment dans sa faculté de jugement et de décision, ce qui historiquement est nommé le libre arbitre, de ne pas instrumentaliser les personnes, ou encore celui de ne pas soumettre les rapports humains à de strictes logiques utilitaristes. Un premier niveau consisterait à veiller à ce que les technologies ne participent pas d'un effondrement de principes communs par une mise en rapport continuelle entre leurs structures et effets produits et ces axiomes fondateurs.

Ensuite, la deuxième articulation regarde l'exigence de se soucier des meilleures conditions d'épanouissement individuel et collectif tel que défini par Spinoza dans *L'Éthique*, comme devant s'attacher en tout à ce que nos actes tendent vers un accroissement de la puissance de penser et d'agir, sans limiter le champ d'action d'autrui. Voilà une préoccupation qui transcende toutes les mutations historiques, constituant un critère décisif d'évaluation. Une éthique de la technique invalide *de facto* tous les arguments spécieux qui voudraient pointer des craintes, des formes de repli ou un refus de l'histoire, érigeant le respect de la dignité humaine et le droit de pouvoir librement se réaliser comme le primat cardinal d'évaluation de toute innovation. Dimension qu'avait affirmée Emmanuel Mounier, qui avait forgé le concept de *personnalisme* entendu comme une philosophie éthique se souciant prioritairement du respect de la personne : « Une action est bonne dans la mesure où elle respecte la personne humaine et contribue à son épanouissement ; dans le cas contraire, elle est mauvaise[38]. »

Enfin, la troisième strate regarde le point de jonction décisif où l'éthique et le politique se rejoignent, notamment dans le souci de préserver le *commun* propre à toute mise en organisation sociale des existences : « La question éthique me semblait une manière de fuir la politique, ou de la rejeter ; mais je ne vois plus aujourd'hui les choses de la même façon. Je pense que les situations de pouvoir donnent naissance à des problèmes éthiques, et je ne crois pas, par conséquent, que la politique et l'éthique constituent des domaines radicalement hétérogènes. Je refuserais toute distinction absolue entre eux[39]. » La sauvegarde des communs représente une dimension éthique majeure dans la mesure où ils sont la résultante de conquêtes historiques successives. Ils formalisent le principe foncièrement démocratique d'après lequel certains domaines de la vie ne doivent pas être accaparés par des intérêts privés, appartenant en droit à des collectivités constituées à diverses échelles, et dans certains cas à tous les individus de la planète. Voilà un critère d'évaluation des techniques qui recouvre en outre le mérite de mettre directement en crise le sempiternel argument économique ou le fonctionnalisme restrictif devenus les normes prédominantes de jugement.

Registres de principes qui appellent à être confrontés à un enjeu présent et futur majeur, celui de la puissance indéfiniment croissante acquise par l'intelligence artificielle, vouée à modifier de part en part nos conditions d'existence, par sa capacité à nous délester de notre capacité de jugement et plus encore de celle de notre décision[40]. C'est pourquoi des comités consultatifs d'éthique à échelles nationale et transnationale, à l'instar des comités de bioéthique, s'avèrent impératifs, portant prioritairement sur l'étendue des pouvoirs octroyés aux « systèmes intelligents ». Bill Gates lui-même s'était inquiété du manque de réflexion relativement aux conséquences de la fusion entre intelligence artificielle et robotique, estimant que les automates devraient d'ici 2035 remplacer la majeure partie des métiers, jusqu'aux professions de santé. Le physicien Stephen Hawking, le prix Nobel de physique Frank Wilczek, l'informaticien Stuart Russell et le physicien Max Tegmark ont soutenu dans une tribune conjointement publiée dans *The Independent*[41] que « la réussite dans la création de l'intelligence artificielle serait le plus grand événement dans l'histoire humaine. [...] Malheureusement, ce pourrait aussi être le dernier, sauf si nous apprenons comment éviter les risques engendrés par cette création ».

C'est pourquoi les sociétés doivent s'attacher à déployer sous de multiples formes ce nécessaire travail éthique, afin qu'elles ne soient pas prises de court et qu'elles puissent peser en toute responsabilité et conscience, non seulement sur le cours du présent, mais également et autant que possible sur les contours du futur. Exigence qu'avait précisément explicitée Hans Jonas, appelant à ériger une «éthique du futur»: «Toute futurologie sérieuse, telle que l'exige l'objectif de la responsabilité, devient une branche de la recherche qu'il convient de cultiver en soi et sans relâche, en suscitant la coopération de nombreux experts dans les domaines les plus divers. [...] La vision de l'avenir au service de l'éthique du futur revêt une fonction intellectuelle et une fonction émotionnelle ; elle doit instruire la raison et animer la volonté. Et le péril à éviter doit apparaître, l'effroi qu'il inspire doit nous réveiller, la compréhension des causes qui s'est exercée à le déduire doit servir à le détourner[42].»

Plus largement, toute capacité critique relève d'une dimension éthique dans la mesure où elle refuse de coller aux phénomènes et d'amender systématiquement les faits, étant délibérément disposée à évaluer ce qui pose problème ou fait violence. À cet égard, Dominique Lecourt avait à juste titre exploré les liens complexes associant la rationalité scientifique et les autres modalités de pensée –religieuses, juridiques, morales et politiques–, appelant à marquer une dissociation à l'égard des appartenances singulières, susceptible de participer ainsi d'une «éthique pour la recherche qui rende toute sa place à notre bien le plus précieux: l'esprit critique[43]». Mener une réflexion éthique à l'égard de l'innovation ininterrompue consiste à affirmer, au moment de la gestion algorithmique de tous les champs de la vie, la capacité humaine à agir, à ne pas se laisser porter passivement par la surpuissance de systèmes initialement conçus par quelques milliers d'individus en vue d'assouvir leurs intérêts particuliers. Tous les gestes qui affirment la dimension non inéluctable du présent et de l'avenir recouvrent une portée éthique. C'est ici que l'éthique et le politique se fondent dans leur essence, entendus l'une et l'autre comme les manifestations proprement humaines à pouvoir orienter lucidement et en fonction de valeurs partagées le cours individuel et collectif de nos destins. Ce sont ces facultés que le régime numérique aura affaiblies ou marginalisées, ce sont elles qu'il convient d'opposer à sa *raison* qui doit être évaluée en droit et en devoir grâce au plein exercice de notre inaliénable et irréductible liberté humaine.

# CONCLUSION

–

# UNE ANTHROPOLOGIE DE L'EXPONENTIEL

En 1977, l'ordinateur personnel Apple II est mis sur le marché. En 1980, Philips inaugure le Compact Disc. En 1981, IBM commercialise son premier PC. En 1982, Microsoft distribue le système d'exploitation MS-DOS. En 1989, Tim Berners-Lee et Robert Cailliau définissent la structure du World Wide Web. En 1991, le protocole HTTP fixe une standardisation universelle de la Toile. En 1993, Mosaic se présente comme le premier navigateur Internet de l'histoire. En 1994, Jeff Bezos crée le site de vente en ligne Amazon. En 1995, le Casio QV10 constitue le premier appareil photo numérique compact destiné au grand public. En 1996, le nombre estimé d'ordinateurs connectés à Internet dans le monde s'élève à dix millions. En 1997, le programme Deep Blue mis au point par IBM bat aux échecs le champion du monde Garry Kasparov. En 1998, Sergey Brin et Larry Page fondent Google sur la base de leur algorithme PageRank. En 1999, le Wi-Fi est initié par la société Interbrand. En 2000, le nombre de sites consultables est évalué à dix millions ; la même année Bill Clinton autorise une diffusion non restreinte des signaux GPS à l'usage d'applications civiles. En 2003, le séquençage complet de l'ADN du génome humain est achevé. En 2004, la Food and Drug Administration (FDA) autorise la commercialisation de la première puce implantée sous la peau conçue par l'entreprise VeriChip. La même année Facebook est mis en ligne et connaîtra une progression exponentielle du nombre d'inscrits jusqu'à atteindre un milliard moins de dix ans plus tard.

En 2005, 21 % des mouvements boursiers aux États-Unis sont assurés par le trading à haute fréquence. En 2006, Twitter lance la première plateforme de microblogging. En 2007, Steve Jobs présente l'iPhone qui inaugurera une nouvelle génération de téléphones, les smartphones, ouvrant l'ère de l'Internet mobile. En 2008, le terme de *Big data* entre dans le dictionnaire. En 2009, un milliard et demi d'applications ont été téléchargées *via* le « magasin » iTunes d'Apple. En 2010, les iPad, les tablettes numériques tactiles d'Apple, sont mises en vente ; la même année Google annonce avoir conçu un système de pilotage automatique pour automobile, la « Google Car ». En 2011, le commerce en ligne aurait généré mille milliards de dollars de chiffre d'affaires ; durant la même année une centaine d'heures de vidéos auraient été postées chaque minute sur YouTube. En 2012, un implant neuronal permet à une personne paralysée d'actionner par la pensée un bras robotisé ; la même année les Google Glass entrent en phase de test. En 2013, quinze milliards d'objets connectés seraient en service. En 2014, un milliard de sites Internet sont répertoriés. En 2015, les neuroprothèses autorisent un nombre étendu d'opérations par commande cérébrale ; les projets d'ordinateur quantique se développent notamment sous l'impulsion de la NSA ; plusieurs laboratoires travaillent sur le stockage moléculaire de l'information inspiré des structures de l'ADN.

Ce qui est marquant dans cette brève chronologie des technologies computationnelles, qui aurait pu être remontée à quelques décennies antérieures, c'est qu'elle expose une série d'événements qui initialement se déploient sous de faibles mesures, pour ensuite s'amplifier et s'accélérer continuellement d'après des courbes à *progression exponentielle*. Finalement, la loi empirique de Gordon Moore exprimée en 1965, qui projetait un doublement tous les dix-huit mois de la puissance de stockage et de la vitesse de traitement des processeurs, aura pour large partie conditionné cette histoire autant que l'état de notre présent. Depuis la fin des années 1970, le cours du monde aura particulièrement été synchronisé aux innovations techniques se succédant à des cadences sans cesse resserrées, et produisant une multitude d'effets sur les individus et les sociétés à une échelle toujours plus globale. Cette accélération permanente aura principalement été propulsée par le techno-capitalisme qui aura pour large partie participé de l'avènement d'une anthropologie désormais placée sous le sceau de l'exponentiel. Nous avons tous vécu à des moments distincts de nos existences cette précipitation, nous l'avons tous éprouvée dans nos corps et nos esprits, mais nous ne pouvions pleinement saisir dans les flux du présent toutes ses composantes et la puissance de son impact.

Car cette poussée exponentielle induit trois incidences majeures. Elle participe d'abord d'une *naturalisation* des phénomènes, les inscrivant par la vitesse de leur formation dans un ordre apparemment spontané des choses qui empêche de constater leur caractère exceptionnel, voire « antinaturel ». Elle contribue ensuite à anonymiser l'origine des faits, à masquer l'intentionnalité des projets et à brouiller les chaînes d'interactions toujours plus complexes et indistinctes, affaiblissant la possibilité politique d'agir en conscience. Elle conforte enfin l'idée ou l'idéologie qui affirment que l'histoire est fondamentalement mue par des forces irrépressibles, qui aujourd'hui et plus que jamais, seraient puissamment à l'œuvre. Or, c'est précisément contre ces effets cumulés qui n'ont cessé de se potentialiser depuis une vingtaine d'années que nous devrions nous dresser, dans la mesure où ils amoindrissent notre lucidité et menacent l'exercice de notre libre arbitre.

« La plus grande faiblesse de la race humaine vient de son incapacité à comprendre la fonction exponentielle[1]. » Formule énoncée par le physicien Albert Bartlett qui avait à maintes reprises alerté à propos de la dimension exponentielle qui selon lui caractérisait la modernité depuis la fin de la Seconde Guerre mondiale, et qui avait analysé nombre d'effets induits, particulièrement l'épuisement à terme inévitable des ressources naturelles. L'enjeu de notre époque ne consiste plus à saisir la portée de la « fonction exponentielle », mais à se demander comment se comporter dans un monde traversé de flux se déplaçant, au propre comme au figuré, à la vitesse de la lumière. Comment pouvons-nous dorénavant vivre au cœur de perpétuelles bourrasques, comment ne pas nous laisser déborder par des événements qui se déploient et s'imposent à nous suivant des mesures toujours plus précipitées, comment pouvons-nous décider en conscience et librement du cours des choses ? Il s'agit là de questions déterminantes à portée politique, philosophique et anthropologique, qui interpellent de front notre responsabilité.

À ces interrogations, une réponse parmi d'autres consisterait à introduire d'autres modalités temporelles. C'est le principe de la relativité einsteinienne qu'il faut en quelque sorte symboliquement reprendre à notre compte, faisant valoir la multiplicité de la vie dans une multiplicité de faisceaux temporels possibles au gré du positionnement singulier adopté par chacun. Refuser de se soumettre passivement à ce régime restrictif exige de développer des temporalités contradictoires ou divergentes ne s'alignant pas sur l'axiome de la « destruction créatrice » perpétuelle. Postures qui témoignent du désir de vivre à « contretemps », conformément à la notion nietzschéenne d'*inactuel* qui signale la possibilité d'observer les faits à la distance critique nécessaire et de se démarquer d'un régime normatif dominant : « Une société qui n'aurait plus la force de conserver de la distance en réfléchissant à ce qui la détermine au plus profond (la soumission intégrale de l'individu aux lois d'une structure marchande, par le biais d'une technique qui s'insinue partout) aurait renoncé à toute énergie politique. Sans parler de la possibilité de maintenir une vie de l'esprit[2]. »

Au-delà du seul rythme imposé par la conception incessante de nouvelles technologies, leur utilisation aura tout autant conduit à une compression progressive des cadences régissant le cours de la vie professionnelle et sociale. Le mode de rationalité contemporain fondé sur la recherche de la meilleure productivité, de la mise en adéquation instantanée entre unités organiques ou artificielles, et de l'évitement de toute immobilisation inévitablement infructueuse, se formalise et se manifeste prioritairement dans une économie indéfiniment optimisée du temps. Dimension sensible dans les schémas organisationnels à l'œuvre dans la logistique industrielle fondés sur la quête d'une production menée à flux tendus, d'une réactivité réglée sur le primat du temps réel et de l'écoulement continuellement fluidifié des biens. Propension radicalisée à l'extrême dans le trading algorithmique qui délègue à des robots numériques la licence de procéder à des actes d'achat ou de vente à chaque milliseconde jugée la plus opportune. Leur aptitude à traiter des masses de données à des vitesses infiniment supérieures à nos capacités cérébrales induit *de facto* une *asymétrie de compétence.*

Si ce mouvement technico-économique continue de se déployer selon les mêmes courbes exponentielles, deux phénomènes alors s'imposeront massivement. D'abord, celui qui consistera à généraliser un régime d'efficacité fondé sur la réalisation la plus immédiate de toute action calquée dans les faits ou comme point d'horizon sur la vitesse des processeurs. Ensuite, celui qui marginalisera *de facto* l'activité humaine en regard de la puissance sans cesse accrue acquise par les systèmes computationnels. C'est la place de l'être humain autant que notre liberté qui sont appelées à être amoindries par des protocoles dotés de la faculté d'initiative et dictant la forme des choses en fonction d'algorithmes visant systématiquement l'optimisation de toute situation. L'humanité en devenir est-elle vouée à s'accorder à la vitesse invariablement croissante qui meut les flux numériques et à être dessinée par des suites mathématiques imperceptibles visant une définition chiffrée et immédiate de tout fait, autant que l'exploitation la plus rentable de chaque occurrence spatiotemporelle ? Cette question dépasse le strict cadre du capitalisme, dans la mesure où c'est un mode de rationalité utilitariste qui est devenu la norme dominante qui ne cesse de s'imposer et de s'étendre à tous les pans de la société.

C'est ce mode de rationalité qui prévaut dans les conditions de travail pratiquées tant dans les secteurs privé que public, dans l'enseignement, dans l'organisation des villes, dans la médecine, jusqu'à imprégner les relations entre les personnes. Le capitalisme a bon dos d'être la cible privilégiée de la philosophie politique et de la critique économique ou sociale ; ce qui devrait sans fin être analysé et déconstruit c'est le modèle technico-cognitif qui actuellement s'exerce partout, fondé sur la connaissance en temps réel des phénomènes supposée garantir en retour des prises de décisions les plus adéquates régulées par des algorithmes normatifs. Si cette logique-là est certes inspirée par le libéralisme, elle correspond plus largement à une propension anthropologique fondamentale aspirant à la plus haute sécurisation et optimisation de la vie, qui a peu à peu exclu les autres dimensions au moins tout autant légitimes, et qui n'a cessé de trouver depuis la fin du XVIII^e^ siècle les conditions progressives de sa pleine réalisation, allant jusqu'à ordonner aujourd'hui massivement le cours du monde. Finalement, la conséquence principale de l'exponentiel aura consisté à étendre et à instituer cette rationalité-là suivant la même cadence, gagnant continuellement en efficacité, étant pleinement soutenue par la puissance du numérique. L'une et l'autre s'entretenant depuis des décennies mutuellement à l'intérieur d'un mouvement épistémologique et technique toujours plus complice et solidaire.

La collusion à l'œuvre depuis plus d'un siècle entre un mode de rationalité prioritairement fonctionnaliste et les techniques computationnelles est aujourd'hui non seulement patente, mais atteint son acmé, imposant une raison numérique fondée sur un découpage et une mémorisation de tous les actes de la vie. Acceptons-nous d'être toujours plus intégralement régentés par ce mouvement qui s'intensifie et se perfectionne à des vitesses exponentielles, ou sommes-nous décidés à opposer des logiques fondées sur de tout autres exigences aptes à favoriser la faculté humaine de libre choix et la subjectivation des existences ? Il s'agit là d'un enjeu et d'un défi pratique décisifs, dont notre degré de réponse individuelle et collective définit d'ores et déjà la nature de notre présent et déterminera celle de l'humanité à venir. La tension entre ce mode de rationalité devenu quasi exclusif et la *technè* contemporaine, qui participe avec force de sa consolidation et de son expansion, doit faire l'objet de débats et de controverses publiques. Ce compagnonnage qui détermine toujours plus profondément la forme du monde et celle de nos expériences doit sans cesse être analysé, décrypté, et plus que jamais défait vu son pouvoir unilatéral et indéfiniment accru de gouvernementalité, se soustrayant de surcroît à toute délibération démocratique. Raison pour laquelle la politisation à de multiples échelles de nos rapports aux technologies numériques renvoie *in fine* à la question du mode de vie que nous souhaitons adopter et à la nécessaire vigilance à maintenir à l'égard de systèmes robotisés ordonnant toujours plus profondément la trame de nos existences. En cela, soumettre la vie algorithmique contemporaine à une critique en acte de la raison numérique qui l'ordonne relève d'un combat politique, éthique et civilisationnel majeur notre temps.

# NOTES

## INTRODUCTION
## LE MONDE AU PRISME DES DONNÉES

1. Un disque d'un pétaoctet permet par exemple de stocker l'équivalent de vingt mille films en Blu-ray.
2. Le CERN, dont les collisions provoquées par son accélérateur de particules génèrent près de quinze millions de milliards d'octets de données par an, soit l'équivalent de vingt millions de CD, représente une des entités emblématiques de part en part structurées par la production et le traitement de volumes vertigineux de données.
3. La loi dite « de Moore » énoncée en 1965 par Gordon Moore, qui avait affirmé en substance le principe exponentiel du doublement tous les dix-huit mois de la puissance, de la capacité et de la vitesse des différentes composantes des systèmes informatiques.
4. On se souvient que le sommet européen de Lisbonne tenu en 2000 s'était donné comme objectif de situer l'Europe à l'horizon 2010 comme le territoire le plus avancé en termes d'« économie de la connaissance ». Outre que l'expression était empreinte d'une extrême confusion, plutôt qu'à une économie notamment fondée sur une excellence de la formation universitaire, c'est un modèle établi sur le *suivi* et la connaissance de faits de tous ordres à des fins commerciales qui s'est rapidement consolidé au cours de la décennie qui a suivi.
5. Dominique Janicaud, *Puissance du rationnel*, Gallimard, 1985, p. 81.
6. Nicholas Negroponte, *Being Digital* [1995], Vintage Books, 2000, p. 37.
7. *Frontier*, en anglais, ne signale pas une limite circonscrite mais un horizon ouvert, à la différence de *border* qui nomme la frontière telle qu'entendue en français. Sur l'esprit utopique qui accompagna l'expansion du numérique au cours des deux dernières décennies du XX^e^ siècle, cf. Fred Turner, *Aux sources de l'utopie numérique. De la contre-culture à la cyberculture. Steward Brand un homme d'influence*, C&F éditions, 2012.
8. Emblématique à cet égard la une de *Wired* de février 2014 : « The Web is under threat », magazine qui aura été aux avant-postes de tous les discours enthousiastes, et qui n'a pu avec le temps que se ranger à l'évidence : « Le Web est sous la menace ».
9. Jacques Ellul, *La Technique ou l'Enjeu du siècle*, Armand Colin, 1954, p. 73-74.

10. Lucien Sfez, *Technique et idéologie, Un enjeu de pouvoir*, Éditions du Seuil, 2002, p. 12.

11. Je renvoie par exemple aux divers plans historiques mis en place depuis l'après-guerre par les gouvernements successifs en France, relatifs aux télécommunications, à l'industrie informatique ou aéronautique, tous déterminés par un contexte de convictions et de croyances politiques, idéologiques et culturelles propres.

12. Cf. Danah Boyd, *It's Complicated: The Social Lives of Networked Teens*, Yale University Press, 2014.

13. René Girard, *Des choses cachées depuis la fondation du monde* [1978], Le Livre de poche, « Biblio essais », 1983, p. 577.

14. Hans Jonas, *Le Principe responsabilité*, Éditions du Cerf, 1990, p. 13.

## – I
## LA TOTALISATION NUMÉRIQUE

1. Charles Babbage, *Économie des machines et des manufactures*[1832], Nabu Press, 2014 pour la version française.

2. Sur la force de l'*inattendu* au cours de l'histoire et dans notre contemporanéité, cf. Nassim Nicholas Taleb, *Le Cygne noir. La puissance de l'imprévisible*, Les Belles Lettres, 2012.

3. Lucrèce, *De la nature*, livre deuxième.

4. Dominique Janicaud, *Puissance du rationnel*, *op. cit.*, p. 216.

5. Edmond Husserl, *La Crise des sciences européennes et la phénoménologie transcendantale*, Gallimard, « Tel », 1976, p. 76.

6. *Ibid.*

## – II
## PUISSANCE ET USAGES DES BIG DATA

1. Jean-Baptiste Say, *Traité d'économie politique*, 1803, Livre I.

2. Yan Claeyssen, « Au cœur même du marketing client cross-canal », *Influencia* n° 9, « La Data », avril-juin 2014.

3. Franck Cochoy, *Une histoire du marketing – Discipliner l'économie de marché*, La Découverte, 1999, p. 37.

4. Jacques Ellul, *La Technique ou l'Enjeu du siècle, op. cit.*, p. 3.

5. Arnold Toynbee, *Lectures on the Industrial Revolution in England,* Rivington's, 1884.

6. Sur la contribution du conteneur au processus historique de globalisation, cf. Marc Levinson, *The Box, comment le conteneur a changé le monde,* Max Milo, 2011.

7. Jacques Henno, « L'usine 4.0, nouvelle révolution industrielle », *Les Échos,* 8 avril 2013.

8. Zygmunt Bauman, *La Vie liquide,* Le Rouergue, 2006.

9. Sur la concurrence croissante qui oppose certaines métropoles de la planète depuis les années 1990, cf. Saskia Sassen, *La Ville globale, New York, Londres, Tokyo,* Descartes et Cie, 1996 ; du même auteur sur des enjeux connexes, cf. *La Globalisation. Une sociologie,* Gallimard, 2009.

10. « En association avec Cisco Systems, la ville de Nice s'est lancée dans l'expérimentation d'un "boulevard connecté" où différents capteurs collectent en temps réel des données sur la circulation, l'éclairage public, la propreté, ou encore la qualité environnementale. L'objectif est de parvenir à la constitution d'une plateforme commune d'informations permettant à des administrations comme à des développeurs privés de proposer des services innovants à l'interface des mondes physique et numérique. » Elsa Sidaway, « Nice inaugure le premier boulevard "connecté" du monde », *Innov' in the city,* 2013 ; article cité par Antoine Picon in : *Smart Cities. Théorie et critique d'un idéal auto-réalisateur,* Éditions B2, 2013.

11. Michel Foucault, *Naissance de la clinique. Une archéologie du regard médical,* PUF, 1963.

12. oxitone.com

13. omsignal.com

14. teddytheguardian.com

15. Cf. l'implant de quelques millimètres cubes mis au point par l'équipe de Giovanni de Micheli et Sandro Carrara, chercheurs à l'EPFL de Lausanne (Suisse), équipé de cinq capteurs, d'un transmetteur radio, ainsi que d'un système d'alimentation. http://actu.epfl.ch/news/un-mini-laboratoire-biomedical-sous-la-peau-du-pat/

16. Cf. Lucien Sfez, *La Santé parfaite. Critique d'une nouvelle utopie,* Le Seuil, 1995.

17. Nest, entreprise spécialisée dans la domotique, a été acquise en 2014 par Google. Son fondateur Tony Fardell déclara au moment du rachat :

« Google nous aidera à réaliser pleinement notre vision de la maison consciente. »

**18.** Sur ces enjeux, cf. l'ouvrage apologique de Jeremy Rifkin, *La Troisième Révolution industrielle*, Les Liens qui libèrent, 2012.

**19.** « Une étude a été menée par Helene Hembrooke et Geri Gay, de l'université Cornell, aux États-Unis. Durant un cours, la moitié des étudiants devait utiliser un ordinateur portable pour surfer sur le Web, chercher des pages relatives au cours (ou non), et donc suivre le cours en multitâches, pendant que l'autre moitié devait simplement écouter le cours. Lors du rappel du contenu du cours, les performances des étudiants multitâches ont été inférieures à celles des autres étudiants. » Franck Chaillan, « La mémoire biologique est-elle codée ? », *Pour la Science*, numéro spécial « Big Bang numérique, les données massives vont-elles changer le monde ? », n° 433, novembre 2013.

**20.** « Google a scanné et indexé les courriels échangés *via* les services "Apps for Education", sans le consentement des utilisateurs. "Ce scan est 100 % automatique, et ne peut pas être désactivé", affirme la charte d'Apps for Education. Pratique qui a conduit au dépôt d'une plainte collective auprès de la cour de San Jose. "La vie privée des étudiants est attaquée", estime un avocat de l'Electronic Privacy Information Center, cité dans *Education Week*. Il souhaite que la plainte déposée "attire l'attention" du département d'État américain et des autorités locales, relativement à l'éducation. » Michaël Szadkowski, « Google critiqué pour avoir scanné les mails de millions d'étudiants », *Le Monde*, 19 mars 2014.

**21.** Heidegger, *Être et Temps* [1927], Gallimard, 1986, p. 392.

## – III
## LA QUANTIFICATION INTÉGRALE DE LA VIE

1. Jeremy Ginsberg *et alii*, « Detecting influenza epidemics using search engine query data », *Nature*, n° 457, 2009, p. 1012-1014. Article consultable en ligne : www.nature.com/nature/journal/v457/n7232/full/nature07634.html

2. Philippe Bernard, « Voyage au cœur de la NSA », *Le Monde*, 29 août 2013.

3. «Véracité», un des cinq termes commençant par un «V» supposés caractériser les *Big data*.

4. tellspec.com

5. Werner Heisenberg, *La Nature dans la physique contemporaine* [1962], Gallimard, «Folio», 2000, p. 132.

6. René Thom, *Stabilité structurelle et morphogénèse* [1972], Dunod, 1984.

7. Gérard Berry, *Pourquoi et comment le monde devient numérique*, Collège de France / Fayard, 2008, p. 27.

8. www.zaha-hadid.com

9. Jean-Claude Beaune, *L'Automate et ses mobiles*, Flammarion, 1980, p. 81.

10. Cf. Alain Desrosières, *La Politique des grands nombres. Histoire de la raison statistique*, La Découverte, 1993.

11. Michel Foucault, *Sécurité, territoire, population. Cours au Collège de France* (1977-1978), Gallimard/Seuil, 2004, p. 271.

12. Alain Desrosières, *Pour une sociologie historique de la quantification*, Presses de l'École des mines, 2008, p. 11.

13. Isabelle Bruno, Emmanuel Didier, *Benchmarking, l'État sous pression statistique*, Zones, 2013, p. 7.

14. Sur les failles et les dérives de l'évaluation universitaire, cf. Yves Gingras, *Les Dérives de l'évaluation de la recherche. Du bon usage de la bibliométrie*, Liber-Raisons d'agir, 2014.

15. Cf. Roland Gori, Marie-Jean Sauret, Alain Abelhauser, *La Folie Évaluation, les nouvelles fabriques de la servitude*, Fayard/Mille et une nuits, 2011 ; Barbara Cassin (dir), *Derrière les grilles : sortons du tout-évaluation*, Fayard/Mille et une nuits, 2014.

16. Un champ vectoriel en mathématiques est une fonction qui associe un vecteur à chaque point d'une variété différentielle.

17. Gaston Bachelard, *Le Rationalisme appliqué* [1949], PUF, 1998, p. 33.

18. http://xxx.tau.ac.il/pdf/1402.5047.pdf

19. Cf. Clément Rosset, *Le Réel, traité de l'idiotie*, Minuit, 1977 ; *Le Réel et son Double*, Gallimard, 1976.

20. Aptitude peu à peu généralisée au tournant de la deuxième décennie du XXIe siècle, qui m'a tôt conduit à écrire un livre exclusivement dédié à ces enjeux : *La Société de l'anticipation, le Web précognitif ou la*

*rupture anthropologique* (Inculte, 2011). Si lors de sa rédaction des phénomènes épars mais déjà pleinement à l'œuvre pouvaient être observés et analysés, j'ai depuis relevé que de nouveaux procédés ne cessaient de se développer et de se sophistiquer, gagnant en outre régulièrement en efficacité.

**21.** healthmap.org

**22.** L'application Siri développée par Apple est supposée comprendre les instructions verbales formulées par les utilisateurs et répondre « efficacement » à leurs différentes requêtes.

**23.** Gabriel Siméon, « Rand Hindi, la Data services compris », *Libération*, 1er juin 2014.

**24.** *La Société de l'anticipation, le Web précognitif ou la rupture anthropologique, op. cit.*, 2011, p. 121-122.

**25.** Cf. Isaac Asimov, *Le Cycle de Fondation*, Folio SF.

**26.** Alfred W. Crosby, *La Mesure de la réalité* [1997], Allia, 2003, p.11.

**27.** G.W.F. Hegel, Préface aux *Principes de la Philosophie du droit*, Gallimard, 1972.

**28.** Hannah Arendt, *Du mensonge à la violence* [1970], Calmann-Lévy, 1972, p. 40-41.

**29.** *Le Phédon*, 65b-67b, trad. Émile Chambry, Garnier-Flammarion, 1983.

**30.** Alexandre Koyré, *Études d'histoire de la pensée scientifique*, PUF, 1966, p. 189.

**31.** Edmond Husserl, *La Crise des sciences européennes et la phénoménologie transcendantale, op. cit.*, p. 51.

**32.** Publicité IBM.

**33.** Georges Didi-Huberman, *La Survivance des lucioles*, Minuit, 2009, p. 127-128.

**34.** Jean-François Lyotard, *La Condition postmoderne*, Minuit, 1979, p. 12-13.

**35.** Karl Löwith, *Max Weber et Karl Marx* [1932], Payot, 2009, p. 51.

## – IV
## LA NORMATIVITÉ ALGORITHMIQUE

1. L'entreprise française Criteo s'est spécialisée dans ce procédé.
2. Vincent Druguet, « Quelle feuille de route pour le commerce de demain ? », *Influencia* n° 8, janvier-mars 2014.
3. Jean Baudrillard, *Le Système des objets*, Gallimard, « Tel », 1968, p. 236.
4. Frédéric Thérin, « *Big data* : cordon ombilical entre marques et consommateurs », *Influencia* n° 8, janvier-mars 2014.
5. Cf. irisvanherpen.com
6. Cf. par exemple le site Booking.com, qui non seulement signale le nombre de personnes qui consultent simultanément un même hôtel ou une même offre de séjour, mais encore le nombre de ceux qui viennent de réaliser une opération proche de celle qui est projetée par chaque visiteur et non encore concrétisée. Le message implicite suppose que toute action effectuée au bon moment induira pour les autres visiteurs une limitation corrélative des choix autant qu'une augmentation des tarifs, suivant une architecture qui pousse chacun à se décider au plus vite, ou à profiter des meilleures offres *avant* les autres.
7. Eric Schmidt, entretien avec le *Wall Street Journal*, août 2010.
8. Cf. le « Exprimez-vous » placé en tête de chaque message posté sur la plateforme Facebook, et dont le degré de réponse à la suggestion ou à l'injonction déterminera *in fine* la valeur financière de l'entreprise.
9. Jacques Ellul, *La Technique ou l'Enjeu du siècle, op. cit.*, p. 127.
10. « Les technologies de soi [...] sont des techniques qui permettent aux individus d'effectuer par eux-mêmes un certain nombre d'opérations sur leur propre corps, sur leur propre âme, sur leurs propres pensées, sur leur propre conduite, et cela de manière à se transformer eux-mêmes, se modifier eux-mêmes et atteindre un certain état de perfection, de bonheur, de pureté, de pouvoir surnaturel, etc. » Michel Foucault, *L'Origine de l'herméneutique de soi. Conférences prononcées à Dartmouth College* [1980], Vrin, 2013, p. 53.
11. *Ibid.*, p. 50.
12. Michel Foucault, *Du gouvernement des vivants. Cours au Collège de France (1979-1980)*, Gallimard/Seuil, 2012.
13. Jean-Jacques Rousseau, *Émile*, I, *Œuvres complètes*, IV, Gallimard, « Bibliothèque de la Pléiade », 1969, p. 247.

14. Chloé Hecketsweiler, David Larousserie, Pascale Santi, « Gadgets connectés : tous mesurés ? », *Le Monde*, 10 février 2014.

15. Cf. Danah Boyd, *It's Complicated: The Social Lives of Networked Teens*, *op. cit.*

16. Ce chapitre a été écrit avant la diffusion d'informations faisant part d'une possible suspension du projet par Google. Outre qu'il ne s'agit pas d'un retrait définitif, ce qu'il faut saisir c'est un large mouvement en cours consistant à exposer de façon automatisée et *via* des interfaces toujours plus fluides, des informations personnalisées à l'attention des individus, autant que la puissance technologique contemporaine qui autorise désormais la conception de tels dispositifs.

17. « Kiabi lance un "Shazam de la mode" sur Google Glass », 20 mai 2014 http://lesclesdedemain.lemonde.fr/innovation/kiabi-lance-un-shazam-de-la-mode-sur-google-glass_a-54-3981.html

18. William James, *The Principles of Psychology*, Henry Holt, 1890, p. 402.

19. Cf. *Les Carnets de Léonard de Vinci*, Gallimard, 1987.

20. René Descartes, *La Dioptrique*, Discours premier [1637], Gallimard, « Bibliothèque de la Pléiade », 1953, p. 180.

21. Dimension appelée à perturber le droit historique à l'image ; le législateur devra bien établir un cadre juridique à la mesure de l'extrême facilité, non seulement à saisir des images d'autrui, mais également à les diffuser sur la Toile, avec son assentiment ou non.

22. « Avec les Google Glass, remplir un constat amiable devrait devenir un jeu d'enfant. C'est ce qu'a promis la Caisse d'épargne lors de la présentation de sa nouvelle application – la première du genre – pour les lunettes connectées de Google. L'assuré peut entrer en contact avec un téléconseiller et lui faire partager *de visu* la scène de l'accident, les dommages du véhicule… »
Anne Bodescot, « Les Google Glass aideront à remplir le constat après un accident », *Le Figaro*, 8 octobre 2014.

23. Cf. à cet égard le film prémonitoire *Final Cut* (Omar Naim, 2004), dans lequel une entreprise offre à ses clients la possibilité de saisir en continu le « film de leur vie », et qui lors du décès des personnes, au moment des obsèques, assure à l'attention des proches une projection des moments les plus saillants ou émouvants de leur existence.

24. Gilbert Simondon, *L'Individu à la lumière des notions de forme et d'information*, Jérôme Millon, 2005, p. 252.

– V

## DE LA SURVEILLANCE NUMÉRIQUE AU DATA-PANOPTISME

1. Cf. l'article du journaliste Duncan Campbell paru en 1988, qui avait révélé l'existence du programme de renseignement Echelon. En 1999, un rapport lui avait été commandité par le Parlement européen, dans lequel il exposait l'étendue de l'interception des communications opérée par le système, et qui fut ensuite publié : *Surveillance électronique planétaire*, Allia, 2001.
2. J'ai publié en 2009 *Surveillance Globale. Enquête sur les nouvelles formes de contrôle* (Climats/Flammarion), au moment exact où une architecture technico-cognitive était parfaitement et solidement en place, et que l'affaire Snwoden allait visiblement exposer dans nombre de ses dimensions. En quelques années, c'est à la fois l'intensification de ces logiques qui s'est opérée autant que leur extension à tous les domaines de la vie, marginalisant dans les faits la spécificité propre au régime historique de la surveillance.
3. Günther Anders, *L'Obsolescence de l'homme. Sur l'âme à l'époque de la deuxième révolution industrielle* [1956], L'Encyclopédie des nuisances/Ivrea, 2001, p. 39.
4. Julian Assange, « Le fardeau du "geek" blanc », tribune initialement parue dans le *New York Times* et ensuite publiée dans *Le Monde*, 9-10 juin 2013.
5. A. Koyré, *Études d'histoire de la pensée scientifique, op. cit.*, p. 72.
6. Jacques Derrida, *A Taste for the Secret*, Polity Press, 2001, traduit par Pierre Lévy-Soussan, dans *Éloge du secret*, Hachette Littérature, 2006.
7. Edward T. Hall, *La Dimension cachée* [1966], Le Seuil, 1971, p. 25.
8. Je reprends ici le concept développé par Dominique Quessada dans ses différents ouvrages ; cf. particulièrement : *Court Traité d'altéricide*, Verticales, 2007, et *L'Inséparé : essai sur un monde sans Autre*, PUF, 2013.
9. Georges Duby, « Situation de la solitude, XIe-XIIIe siècle », in Philippe Ariès et Georges Duby (dir.), *Histoire de la vie privée*, tome 2, Le Seuil, 1999, p. 506.
10. dynamicinsights.telefonica.com/479/about-us
11. Antoine Crochet-Damais, « SFR ouvre ses données clients grâce au Big data », 15 avril 2013.

www.journaldunet.com/solutions/dsi/projet-de-big-data-en-france/

12. Sandrine Cassini, « Souriez, vous êtes traqués ! », *Le Monde*, 14 octobre 2013.

13. *Surveillance Globale. Enquête sur les nouvelles formes de contrôle, op. cit.*

## – VI
## LE TECHNO-POUVOIR

1. *Memorandum for the Heads of Executive Departments and Agencies* : www.whitehouse.gov/the_press_office/TransparencyandOpenGovernment/

2. Rapport consultable sur le site de l'association The Committee to Protect Journalists : www.cpj.org/reports/2013/10/obama-and-the-press-us-leaks-surveillance-post-911.php

3. Cf. Antoine Picon, *Les Saint-Simoniens. Raison, imaginaire et utopie*, Belin, 2002.

4. Cf. Daniel Lathrop & Laurel Ruma, *Open Government. Collaboration, Transparency, and Participation in Practice*, O'Reilly Media, 2010.

5. Judith Butler, *Qu'est-ce qu'une vie bonne ?*, Payot, « Manuels Payot », 2014, p. 82.

6. Henri Verdier, « Le gouvernement par les plates-formes », in *La Métamorphose numérique. Vers une société de la connaissance et de la coopération*, (ouvrage collectif sous la direction de Francis Jutand), Éditions Alternatives, 2013, p. 174-175.

7. Georges Elgozy, *L'Esprit des mots ou l'Antidictionnaire*, Denoël, 1981, p. 66.

8. Max Weber, *L'Éthique protestante du capitalisme*, Plon, 1964, p. 249.

9. Michel Foucault, « "Omnes et singulatim" : Vers une critique de la raison politique », *Dits et Écrits*, t. II, Gallimard, « Quarto », 2001, p. 953-980.

10. Marx, « Introduction générale à la critique de l'économie politique » [1857], *Économie, Œuvres I*, Gallimard, 1994, p. 264.

11. La Cour européenne de justice a estimé le 13 mai 2014 que Google pouvait être saisi par un particulier réclamant la suppression de ses résultats de recherche certaines informations sensibles le concernant.

12. Franck Leroy, *Réseaux sociaux & C^ie^, le commerce des données personnelles*, Actes Sud, 2013, p.34.

13. Michel Foucault, *L'Origine de l'herméneutique de soi. Conférences prononcées à Dartmouth College, 1980*, Vrin, 2013, p 38-39.

14. Douglas Rushkoff, *Les 10 Commandements de l'ère numérique*, Fyp Éditions, 2012, p. 8.

15. Robin Clarke, *La Course à la mort ou la Technocratie de la guerre*, Le Seuil, 1972.

16. Cf. Ian Hacking, *Concevoir et Expérimenter*, Christian Bourgois, 1993.

17 Cf. Bruno Latour, Steve Woolgar, *La Vie de laboratoire: la production des faits scientifiques* [1979], La Découverte, 1996.

18. George Orwell, *Le Quai de Wigan* [1937], 10/18, 2000, p. 215.

19. Auguste Comte, *Cours de philosophie positive*, 1842, chap. 2.

20. Dennis Gabor, *La Société de maturité*, Éditions France-Empire, 1973, p. 145.

21. Jacques Ellul, *La Technique ou l'Enjeu du siècle*, *op. cit.*, p. 90.

22. Bruno Latour, « La fin des moyens », *Réseaux*, n°100, 2000, p. 45-46.

23. Cf. Stuart Firestein, *Les Continents de l'ignorance*, Odile Jacob, 2014.

24. Cf. Robert N. Proctor, *Golden Holocaust. La conspiration des industriels du tabac*, Équateurs, 2014.

25. François Partant, *La Ligne d'horizon* [1988], La Découverte, 2007, p. 30-31.

26. Joseph Schumpeter, *Capitalisme, socialisme et démocratie* [1942], Payot, 1990, p. 57.

27. *Ibid.*, p.82.

28. Sur le phénomène de la marchandisation indéfiniment étendue de la vie depuis une trentaine d'années, cf. Michael J. Sandel, *Ce que l'argent ne saurait acheter. Les limites morales du marché*, Le Seuil, 2014.

29. Cf. sur ce sujet le livre de l'*ingénieur* Philippe Bihouix, *L'Âge des low-tech: Vers une civilisation techniquement soutenable*, Le Seuil, 2014.

30. Cf. le documentaire français *Foxconn: La face cachée d'Apple.*

31. Dominique Janicaud, *La Puissance du rationnel*, *op. cit.*, p. 100-101.

## – VII
## POLITIQUE ET ÉTHIQUE DE LA RAISON NUMÉRIQUE

1. Jacques Ellul, *Le Système technicien, op. cit.*, p. 361.
2. Montesquieu, *L'Esprit des lois*, chapitre IV, livre XI.
3. Günther Anders, *La Menace nucléaire*, Le Serpent à plumes, 2006, p. 154.
4. Cf. Bruno Latour, *Nous n'avons jamais été modernes. Essai d'anthropologie symétrique*, La Découverte, 1991 ; *Politiques de la nature. Comment faire entrer les sciences en démocratie*, La Découverte, 2004.
5. Alain Supiot, *Homo juridicus. Essai sur la fonction anthropologique du droit*, Points, 2009.
6. Yves Eudes, « La tanière virtuelle des lanceurs d'alerte », *Le Monde*, 17 avril 2014.
7. Douglas Rushkoff, *Les 10 Commandements de l'ère numérique, op.cit.*, p. 117.
8. Serge Abiteboul, *Sciences des données : de la logique du premier ordre à la Toile*, Collège de France / Fayard, 2012, p. 28-29.
9. Cornelius Castoriadis, *Fait et à faire. Les carrefours du labyrinthe*, tome V [1997], Le Seuil, « Points-essais », 2008, p. 48-49.
10. Titre d'une communication donnée par Pierre Bourdieu à Alger en 1992, à propos de l'écrivain berbère Mouloud Mammeri.
11. Jacques Ellul, *La Technique ou l'Enjeu du siècle, op. cit.*, p. 87.
12. Michel Foucault, *L'Origine de l'herméneutique de soi, op. cit.*, p. 90-91.
13. Gilles Deleuze, *Différence et Répétition*, PUF, 1968.
14. Sur la notion d'*empowerment*, cf. Marie-Hélène Bacqué, Carole Biewener, *L'Empowerment, une pratique émancipatrice*, La Découverte, 2013.
15. Cf. Christophe Bouton, *Faire l'histoire. De la Révolution française au Printemps arabe*, Cerf, 2013.
16. Cf. Reinhart Koselleck, *Le Futur passé. Contribution à la sémantique des temps historiques*, Éditions de l'EHESS, 1990 ; *L'Expérience de l'histoire*, Points, 2011.
17. Guillaume Le Blanc, « La philosophie doit toujours faire corps avec la critique », entretien avec Jean-Marie Durand, *Les Inrockuptibles*, 10 mars 2014, à propos de son livre *La Philosophie comme contre-culture*, PUF, 2014.
18. Simone Weil, *Œuvres*, Gallimard, « Quarto », 1999, p. 329.

19. Ernst Bloch, *Le Principe espérance*, tome II, *Les Épures d'un monde meilleur*, Gallimard, 1982, p. 215-216.

20. Norbert Elias, « La critique de l'État chez Thomas More » in : *L'Utopie*, La Découverte, 2014, p. 80.

21. Cf. Jeremy Rifkin, *La Nouvelle Société coût marginal zéro : l'Internet des objets, l'émergence des communaux collaboratifs et l'éclipse du capitalisme*, Les Liens qui libèrent, 2014.

22. The Critical Engineering Working Group, Julian Oliver, Gordan Savicic, Danja Vasiliev, Berlin, October 2011, http://criticalengineering.org/fr

23. Cf. Laszlo Moholy-Nagy, *Du matériau à l'architecture*, Éditions de La Villette, 2015.

24. Günther Anders, *L'Obsolescence de l'homme. Sur l'âme à l'époque de la deuxième révolution industrielle, op. cit.*

25. Raymond Aron, *La Sociologie allemande contemporaine*, PUF, 1950, p. 152.

26. Henry David Thoreau, *Walden ou la Vie dans les bois* [1854], Gallimard, « L'Imaginaire », 1990, p. 107.

27. Christoph Koch, *Ich bin dann mal offline*, Blanvalet Taschenbuch Verlag, Munich, 2010.

28. Susan Maushart, *Pause*, Marabout, 2014.

29. Cf. Hermann Hesse, *L'Art de l'oisiveté*, Calmann-Lévy, 2002.

30. Cf. Donald Winnicott, *La Capacité d'être seul*, Payot, 2012.

31. « The end of theory: the data deluge makes the scientific method obsolete », archive.wired.com/science/discoveries/magazine/16-07/pb_theory

32. Danah Boyd et Kate Crawford, citées dans « Six provocations au sujet du phénomène des *Big data* », internetactu.net, 23 septembre 2011.

33. Kevin Kelly, *New Rules for the New Economy*, Penguin Books, 1999.

34. Jaron Lanier, *You Are not a Gadget: a Manifest*, Penguin, 2011.

35. Evgeny Morozov, *The Net Delusion: The Dark Side of Internet Freedom*, Public Affairs, 2011.

36. Sur ces enjeux, cf. Karl Popper, *Les Deux Problèmes fondamentaux de la théorie de la connaissance* [1933], Hermann, 1999 ; et *Misère de l'historicisme* [1944-1945], Plon, 1956.

37. André Leroi-Gourhan, *Le Geste et la parole, I. Technique et langage* [1964], Albin Michel, 2003, p. 129.

38. Emmanuel Mounier, *Le Personnalisme*, PUF, 2000.

39. Judith Butler, *Le Récit de soi*, PUF, 2007, p. 37.

40. Sur la puissance interprétative et l'autonomie décisionnelle des systèmes computationnels, cf. Éric Sadin, *L'Humanité augmentée. L'administration numérique du monde*, L'échappée, 2013.

41. Stephen Hawking, Frank Wilczek, Stuart Russell, Max Tegmark, « Transcendence looks at the implications of artificial intelligence - but are we taking AI seriously enough? » *The Independent*, 1er mai 2014.

42. Hans Jonas, *Pour une éthique du futur* [1992], Rivages poche, 1998, p. 87-88.

43. Cf. Dominique Lecourt, *Contre la peur*, PUF, 2011.

## CONCLUSION

1. Cf. Albert Allen Bartlett, *The Essential Exponential For the Future of Our Planet, a collection of essays by Professor Bartlett*, Center for Science, Mathematics and Computer Education, University of Nebraska-Lincoln, 2004.

2. Roland Reuss, *Sortir de l'hypnose numérique*, Éditions des îlots de résistance, 2013, p. 115.

# SOMMAIRE